プロブレムQ&A

個人情報を守るために

［瀕死のプライバシーを救い、監視社会を終わらせよう］

■

佐藤文明・著

緑風出版

プロブレムQ&A

目次

プロブレムQ&A

Ⅰ　プライバシーと人権

Q1 プライバシーを守るって、いざとなるとけっこうわかりにくい
プライバシーを覗かれたくはないから、大切さって、なんとなくわかります。でも、いざ守るとなると何から何を守るのか、あいまいなことに気づきます。 —— 10

Q2 プライバシーって新しい言葉？　いつごろから登場したんですか？
「プライバシー」には適当な日本語訳がありません。とすれば日本にはなかった新しい考え方だと思いますが、いつごろから日本に定着したのでしょうか。 —— 18

Q3 プライバシーの定義って変わったんですか。教えてください
「プライバシー」は日本語訳が困難なだけでなく、欧米でも定義困難な、いままでも変化しつつある概念なんだと聞きました。これはホントなんですか。 —— 26

Q4 憲法一三条に定める基本的人権との関係を教えてください
プライバシーは基本的人権のひとつなのだと思いますが、人権である以上、権利の法的な根拠（法源）があるはず。法源は憲法のどこにあるのですか。 —— 33

Q5 人を傷つける差別情報は禁止すべきなんじゃないですか？
プライバシーには重さがあるように思うのですが。人を差別するような個人情報は最初から公表を禁止しておくことが必要だと思いますが、できないのでしょうか。 —— 40

Q6 個人情報保護条約の歴史的な流れを説明してください
個人情報を保護する国際基準として「OECD8原則」というのがあるそうですが、これが最も優れたものなのですか。保護の歴史を教えてください。 —— 47

Q7 国連（OECDを除く）はどんな態度を採っているのですか？
個人情報保護の国際潮流の中で、国連が果たしている役割、そのなかで日本政府が果たしている役割や、採っている姿勢はどのようなものなのですか。 —— 56

Ⅱ　日本の運動と現状

Q8 日本にもなにか歴史を開く先駆的な運動があったのですか?
プライバシーが基本的人権であるなら、権利と認められる前から先駆的な運動があったのではないかと思います。日本の場合、どんな運動があったのでしょうか。 —— 66

Q9 どう利用してるのかわからない政府調査は不気味なのですが
国勢調査もそうなんですが、政府がやる調査って、どこかうさん臭い。なぜそこまで訊くの、と首を傾げてしまいます。協力する必要はあるんでしょうか。 —— 73

Q10 指紋もプライバシーの一つ。廃止されてよかったと思うのですが
外国人だけ指紋を採るのは差別だ、という主張がありました。でも、指紋はプライバシーの一つ。日本人から採るのも不当なので、廃止されてよかったと思います。 —— 80

Q11 日本の個人情報保護法はザル法だ、と聞きます。どんなものですか?
自治体の多くに個人情報保護条例があるようですが、個人情報保護法のことはあまり耳にしません。ザル法だから、という人がありますがどうなのでしょうか。 —— 88

Q12 戸籍が持つ個人情報にはどんなものがあるのですか?
日本では、個人情報の基礎になるものが戸籍制度だそうです。とすれば一番重要な個人情報なのでしょうが、それがいったいどんなものなのか、よくわかりません。 —— 97

Q13 周辺にもたくさんの個人情報があるそうですが、問題はありますか?
戸籍を基礎にして、多くの個人情報が作られているようですが、戸籍周辺にある大きなデータ・ファイルを教えてください。そこに問題はないのですか。 —— 106

Q14 その他に注意しなければならない個人情報って、なんですか?
日本にある戸籍周辺データ以外の、注意すべき巨大ファイルにはどんなものがありますか。問題になりそうな点を含めて、教えていただきたいと思います。 —— 113

Ⅲ 国民総背番号制の背景

Q15 国民総背番号制って、いったいどこが危険なんですか？
「国民総背番号制」って悪の代名詞みたいになっています。たしかに巨大ファイルに見張られるのは怖いけれど、他の巨大ファイルとどこが違うんですか。 126

Q16 総背番号制導入の動きはいつごろから始まったんですか？
戦争中に作られた国民総背番号制は未完に終わったそうですが、戦後、これを導入しようという動きはいつごろから始まったのでしょうか。 136

Q17 昔聞いたグリーン・カードって、その後どうなったんですか？
以前、グリーン・カード制というのができたはずです。買い物などにも必要になる、と聞き、ちょっと心配だったのですが、あの制度はどうなったのでしょうか。 144

Q18 欧米で先行しているとされる背番号制の実態を教えてください
欧米では番号化・カード化はあたりまえで、これがないと日常生活が送れない、と聞いたことがあります。日本も遅れるな、というのですがホントなんですか。 153

Q19 番号をめぐって政府間に権力闘争があったと聞いていますが……
納税者番号制をめぐって、時の厚生省と自治省との間で綱引きがあったと聞きます。一説には大蔵省と自治省の権力争いだ、とも。真相を教えてください。 162

Q20 法案が成立した「住基ネット」ってどんなシステムなんですか？
いま、住民基本台帳ネットワーク・システムの施行準備が進んでいるそうですが、これがわたしたちの暮らしに与える影響はどんなものなのでしょうか。 172

Q21 国民総背番号制と闘うにはどうしたらいいのですか？
住基ネットは国民総背番号制の第一歩だそうです。とすれば、なんとかそれを阻止しなければ、と思います。総背番号制を止めるにはどうしたらいいのですか。 183

Q22 マスコミが反対している個人情報保護基本法案は評価できますか？

いま、個人情報保護基本法案が国会に上程され、審議されようとしています。従来の保護法の欠陥を埋めるものだそうですが、そう評価できるものなのでしょうか。

191

Ⅳ やってきた監視社会

Q23 テクノロジーは人間を超え、どこへ行こうとしているのですか？

技術の進歩は「便利」と「安全」を名目に急速にわたしたちの管理を強めているように思えます。予想できる究極の管理の姿って、どんなものなのでしょうか？

202

Q24 Nシステムというのも未来テクノロジーの一つなんですか？

警察が密かに進めているものに自動車ナンバーの捕捉システムというのがあるそうです。わたしたちの税金で、こっそりなにをやろうとしているのですか。

210

Q25 盗聴法ってプライバシーの侵害、憲法違反だと思うのですが……

盗聴法ができた、と聞き、「防止法」ではないかと耳を疑いました。プライバシーが求められている時代に、逆行する法律なんて、憲法違反じゃないんですか。

218

Q26 新聞で見ましたが続報がありません。エシュロンってなんですか？

新聞で「エシュロン」の記事を読み、大変なことだと思いました。それなのに、日本の政府も議会も、これを取り上げようとしない。いったいなぜなんですか。

226

Q27 日本も偵察衛星を持つって、ホントですか。役に立つんですか？

日本も二〇〇二年を目途に偵察衛星を持つことが決まったそうですが、あれも一種の監視。世界の人権、プライバシーを脅かす行為じゃないかと思いますが。

233

Q28 ネットからプライバシーを守るにはどうしたらいいでしょうか？

ネット社会は便利な面もありますが、プライバシーを守るのが困難です。そんな中、わたしたちは最低どんなことに心がけ、どんな注意をすればいいのでしょうか。

239

プロブレムQ&A

I プライバシーと人権

Q1 プライバシーを守るって、いざとなるとけっこうわかりにくい

プライバシーを覗《のぞ》かれたくはないから、大切さって、なんとなくわかります。でも、いざ守るとなると何から何を守るのか、あいまいなことに気づきます。

だれがなにを守るのか

なにによってプライバシーの脅威《きょうい》を感じるか、という行政管理庁《ぎょうせいかんりちょう》のアンケートに対して、いちばん多い答えが「知らないところから届くダイレクトメール」だったそうです。どこから情報を集めるのか、不気味《ぶきみ》で、怖い、というものです。しかし、最近では、名簿図書館《めいぼとしょかん》などという名の名簿売買業者があることも知られ、自分の同窓会名簿などを、何の後ろめたさもなく売りに行く若者が増えているとも聞きます。

そんな若者を、テレビは批判的に映し出して見せるのですが、ダイレクトメールのデータの入手先はほとんどが役所です。それも、法的に認められた手続きで、堂々と入手できるのです。しかし、テレビはなぜかそれを報道しません。

戸籍《こせき》、住民票《じゅうみんひょう》の公開制限ができたといっても、住民票の場合は「不当な目的に利用される恐れのあるとき」に限られていて、「不当かどうかなどチェックできない」として、ほとんどフリーパスの自治体もあるほど。住民票の大量閲覧《えつらん》用コンピュータ打

ち出しリストができていて、業者のアルバイトが毎日のように全国の役所で、このリストの書き写しをやっています。

役所も仕事の邪魔《じゃま》になるのでいい顔はしませんが、専用の記載台《きさいだい》を用意しています。中にはこのスペースの利用者数を限定している役所もあり、席を取るために業者のアルバイト同士が朝から並んでくじを引いたり、アルバイト同士がこっそり協力してデータのバーターをしたりしているところもあるようです。

このリストは基本的に住所、氏名、性別、生年月日の四情報だけ（中には住民番号や、住民になった年月日も含まれるものもあるようだ）ですが、これだけで世帯《せたい》を再構成することは可能で、世帯の生活ぶりを窺《うかが》うことが可能です。四人家族で上の子が来年小学校に上がるのだな、とか、一人暮らしのお年よりだな、とか、です。

そしてまたこんなこともあります。芸能人のひそかな入籍《にゅうせき》がなぜ、芸能レポーターにすっぱ抜かれるのか。ここにも、マスコミに通報してポケットマネーを手に入れるお役所の職員がいます。戸籍窓口がオープンで、隣から覗けることも問題です。

プライバシーは身近な役所からも漏《も》れている。まず、このことを知った上で、ではどうしたら防げるのかを考えていかなければなりません。プライバシーを守るのは、こうした現実を批判する人たち、一人ひとりの声であり、それに応える情報管理者一人ひとりの意識です。

個人情報の保護も、こうした身近な努力の積み重ねがあってはじめて実効性のある

素晴らしいものになるのです。

学校の持ち物検査を疑う

自由主義の基本原理となったのは一八世紀の思想家J・S・ミルの「人は、自分自身、その身体、そしてその精神の主権者である」という言葉です。これはまた近代社会の成立基盤でもありました。現代のイギリス人・人権《じんけん》研究家アーサー・ヘイリーは、ミルのこの言葉から「プライバシーは個人の完全性の基礎である」という現代人の精神的身体的存在の根拠を導いてみせ、現代社会における個人のプライバシーの重要さを強調しています。

こうした近代の精神や現代の精神は、当然、学校教育の中でも第一に教えられなければならない教育内容であり、大切に扱われるべき生活原理であるべきです。ところが、学校というところは往々《おうおう》にして、これとは相容れない集団管理の下に置かれ、プライバシーの保護意識に乏しい組織であることが多く、次代を背負うべき子どもたちが、プライバシー意識を育てることを妨げてしまいます。

たとえば持ち物検査《もものけんさ》ですが、こんなことが一般社会で行なわれたらそれこそ大変です。警察官でも、令状《れいじょう》がなければ行なうことのできないことが、学校の中ではごくあたりまえのようにまかり通っているのです。服装、髪型《かみがた》の規制から、丸刈りの強制、体罰《たいばつ》まで、学校は「人権を謳《うた》いながら、人権を踏みにじる」ところです。

「イギリス法曹界の公式見解は」

「自己のアイデンティティ、及び人格の完全性を保つため、また、自己の個人的な人間関係を作り出し、自己救済の道を探るためには、人間は皆、他者と関係する領域を限定することが可能である必要がある。（中略）何よりもわれわれは、われわれが『私的』とする思想、感情、信条、疑念、希望、計画、恐怖、空想を望む場合には、自身の内に秘めることが可能であることを必要とする。なぜなら、それはまさに、われわれがその秘密を誰と、どの程度共有するかを自由に選択したいと願うからである」（英国『ジャスティス誌』国際法曹会議英国部会）

「校則が人権侵害、と訴え」

東京都品川区の私立女子高・品川高校を中退した生徒が、校則を人権侵害として東京弁護士会に対して人権救済の訴えを起こしたことがあります。訴えによれば髪型チェック（違反者の髪を切る）や持ち物検査（細かく規定）のほか、下着の色（白か肌色）を男性教師の見ている前で女性教師がチェック。違反者には平そうした学校に馴《な》らされてしまった人たちが、プライバシーに目覚《めざ》め、その権利を主張するのは困難なことではありますが、近年では、行き過ぎた管理に耐え切れない子どもたちが出現し、「馴らされてしまう」ことへの疑問も生まれています。子どもの権利を守ることの大切さもすこしずつではありますが、広まってきています。

ああした管理が、個人の人格に対する侮辱《ぶじょく》であること、個の尊厳《そんげん》に対する侵害であること。そのことに気づくことができるかどうか。現代を生き抜き、次代を担《にな》う精神を持てるかどうかはそこにかかっているともいえるでしょう。と同時にそれは、その社会が健全に発展することができるかどうかを占《うらな》うものでもあります。

監獄・病院・学校

I・イリイチは現代を「学校化社会」「病院化社会」として批判しています。この二つにはニュアンスの違いがありますが、いずれも第三者の管理下に置かれ、プライバシーのない状態を示しているのは確かです。「学校」も「病院」も、特殊な状態のやむをえない甘受《かんじゅ》（この点でも両者にニュアンスの違いあり）ですが、このような状況が社会のあらゆるところに広がっているというのです。

むろん、個の尊厳《そんげん》にとって、こうした事態はあってはならいことです。

第三者の管理下にあって、プライバシーのない状態がいかに苦しいものであるか、それは関西・淡路《あわじ》大地震による長引く避難所《ひなんじょ》生活の中でも語られました。それはまだ

手打ちを加えるといった体罰も行なわれていた、ということです。弁護士会の調査に対し、校長は「父兄の期待にかなっている」と答えています。プライバシーは保護者の問題ではないということさえ、校長は知らなかったのです。彼女が退学して訴えなければ今も改善されなかったかもしれません。多くの先生がいてだれも問題を感じなかったのは異常であり、黙って従っていた生徒にも、健全でないものを感じます。

「国連・子どもの権利条約」

「いかなる子どもも、そのプライバシー、家族、住居、もしくは通信に対して恣意的にもしくは不法に干渉され、または名誉及び信用を不法に攻撃されない」（一六条）

印象も新しいことでしょう。

が、そうした証言がなくても、その苦しさを想像することは可能です。究極《きゅうきょく》のプライバシー剥奪《はくだつ》は刑罰として行なわれています。それが監獄《かんごく》での生活だといえます。囚人にも人権が認められる今日、懲役《ちょうえき》という役務《えきむ》そのものよりも厳しいのが私生活の破壊であり、私生活再建の希望を持てないということなのではないでしょうか。

監獄の中での懲罰、それは更なる監視、プライバシーの破壊であるようです。そしてこれが多用されれば、囚人の人権さえ脅《おびや》かされかねません。人が人である限り、最低のプライバシー（人が人である核）は保障されなければならないのです。

また、そうであればこそ、この社会が「監獄化社会」であってはなりません。また、「監獄化社会」と紙一重の「学校化社会」や「病院化社会」であってもならないのです。プライバシー保護の問題とは極めて今日的な、個の尊厳を守るという問題なのです。それはまた、わたしたちの精神を縛《しば》る「見えない檻《おり》」との闘いだ、といいかえてもまちがいではありません。

コンピュータ

コンピュータがもたらすプライバシーの危機について、鋭敏《えいびん》な想像力は早くから警告を発していた、といえます。その最初のものがジョージ・オーウェルの『一九八四年』でしょう。その高度に発達したコンピュータ（ビッグ・ファーザー）は、人間の主人となって超管理社会をみちびく、というものです。ここで問題にされたのは、コンピュータによる行動の監視と、意識のコントロールでした。「行動の監視」と「意識のコントロール」とは、プライバシーが失われる究極の姿で、「ほっといてもらいたい」とか「秘密を知られたくない」といった個人の思いを大切にする問題とはやや次元の異なる社会全体の脅威《きょうい》です。そんな社会では「個人の思い」そのものが芽生える余地がないかもしれないからです。

とはいっても、そうした脅威を脅威と感じ、反発するエネルギーの根源はやはり、個人の思いを大切にしたい、自分の生き方を大事にしたいというプライバシー意識や、自由を求める人間としての精神活動そのものに根ざしているので、つながった問題として考えていかなければならないのはもちろんのことです。

「意識のコントロール」という脅威をテーマにしたものでは、一九六七年制作の映画『アルファビル』（ジャン・リュック・ゴダール脚本・監督）で、コンピュータに操られて働く人たちが、支配からの解放を恐れる姿や、『二〇〇一年宇宙の旅』（スタンレー・キューブリック監督・一九六八年）に出てくる意思を備えたコンピュータ「ハル（ＨＡＬ）」が投げかけた問題、などが印象的です。コントロールに身を任せる〝幸せ〟の恐ろしさについては『マトリックス』（アンディー・ウォシャウスキー、ラリー・ウォシャウスキー監督・一九九九年）の中でも触れられています。

「行動の監視」をテーマにしたものでは、クラッカーの脅威を描いた『ウォー・ゲ

「ＨＡＬの命名」

ちなみにハル（ＨＡＬ）とは、軍事利用によって世界を制覇するかに見えたコンピュータの巨人、ＩＢＭを皮肉って命名されたものです。アルファベットでＨの次はＩ、Ａの次はＢ、Ｌの次はＭとなります。

ハッカーとクラッカー

コンピュータのガードシステムに挑戦し、侵入テストをする技術上のチャレンジをハッキングと呼び、侵入によってデータの盗み出しや改ざん、破壊を行なう行為であるクラッキングとは区別されています。前者を行なうハッカーは時に機関に雇われ、機関のシステム向上に寄与したりしており、機関の脅威であるクラッカーとは異なります。

ーム』（ジョン・バダム監督・一九八三年）などはまだ個人レベルの問題で、『ザ・インターネット』（アーウィン・ウィンクラー監督・一九九五年）から『エネミー・オブ・アメリカ』（トニー・スコット監督・一九九八年）に至って、いっそう深刻な脅威が明らかにされます。これらはいずれもなかなかの優れもので、ネットワークやメカニズムに追跡される脅威が、迫真《はくしん》の映像で表現されています。

とくに『エネミー・オブ・アメリカ』は盗聴法の導入に反対する議員が、これをひそかに推進するアメリカ政府情報機関NSA（国家安全保障局）の機関員に暗殺されることからストーリーが始まります。そして、証拠隠滅《しょうこいんめつ》のため、現場を映したビデオを持つ男を「アメリカの敵」として追跡。失敗して盗聴法案が頓挫《とんざ》する、という政治メッセージを持った映画です。

これについてはまた後で（Q23・二〇二ページ参照）言及することになるでしょう。

逆転した危機感

若者の間に、プライバシーに対する警戒感《けいかいかん》、危機感が失われた、といわれます。そしてそれは、番号社会、カード社会、コンピュータ社会が急速に進行して、日常生活になくてはならないものとして入り込んでしまったからだ、ともいわれます。

なるほど、確かにそういう面はあるでしょう。しかしわたしは番号社会、カード社会、コンピュータ社会の進行と、プライバシー意識の後退とを直接結びつけて考えて

『エネミー・オブ・アメリカ』（トニー・スコット監督・一九九八年）

はいません。

というのも、かつて、プライバシー意識をしっかり持った学生というのはほとんどが文科系の学生でした。コンピュータ社会がもたらす危機というものを想像力によって恐れていたのです。それに対して理工系の学生は総じて冷ややかでした。科学がもたらす可能性を直感的に信じていたのです。

ところが今、この危機感は逆転しているように見受けられます。現実の便利さにかまけて批判力を失った文科系の学生に比べ、技術の脅威を目の当たりにしている理工系の学生のほうが、プライバシーに対して遥《はる》かに敏感なのです。また、実際にも彼らは、プライバシーのガードシステムを開発しなければならない立場に立つ可能性を持っている者たちでもあるのです。

プライバシーの危機、それはもう現実なのです。わたしたちは自分のプライバシーを守る方法を実際に身に付ける必要があるばかりか、他人のプライバシーを傷つけないための配慮《はいりょ》（精神的に、技術的に）を怠《おこた》ってはならないのです。これを忘れればわたしたちの暮らしもこの世の中そのものも立ち行かなくなることは目に見えています。

番号社会、カード社会、コンピュータ社会の進行は、わたしたちのプライバシー意識をダメにするのではなく、研《と》ぎ澄《す》ませていくものかもしれません。いまは明らかに、その過渡期にあるのです。

Q2 プライバシーって新しい言葉？ いつごろから登場したんですか？

「プライバシー」には適当な日本語訳がありません。とすれば日本にはなかった新しい考え方だと思いますが、いつごろから日本に定着したのでしょうか。

裸の生活

プライバシーという、日本語に換えにくい言葉がこの国に入ってきたのは第二次世界大戦後のことです。それ以前の日本では「家」制度のもと、ほとんどの日本人が「戸主」の監視下に置かれていましたし、それぞれの「家」も、国家の絶対的な支配下にありました。憲法で信仰の自由など、プライバシーにかかわる権利のいくつかも認められてはいましたが、これはあくまでも外国向けのポーズでしかなく、実生活の中ではいつ踏みにじられてもおかしくない「絵に描いた餅《もち》」のようなものだったのです。

また、日本の家屋《かおく》や敷地の囲い（塀）の形式は、都市の住居や一部の豪農《ごうのう》の屋敷《やしき》を除けば、開放的であることが当然とされ、都市の暮らしもまた、町内会・隣組などの組織を通じて、互いに監視しあうことが奨励《しょうれい》されてきました。戸締りのいらない、秘密を持たない近所づきあいこそ、庶民の理想であるという観念をすりこまれてきたのです。

たしかに縁《えん》（縁側）という開かれた家屋構造を持つ日本の建築（実際には使用人を指図する場として形成されてきたのだが）様式がひだまりののどかさを連想させ、日本の伝統文化の〝和〟の素晴らしさを強調する主張があることは知っています。そのすべてを否定するつもりはありませんが、のどかな縁は本来の役割を終えた歴史の残滓《ざんし》です。かつてそこは家長《かちょう》が家人や使用人を指図する場であり、村役人が年貢を改めたり、村人を裁くおしらすでもあったことを忘れてはなりません。

江戸時代、塀《へい》はもちろん、門や縁側もステータスで、身分によって形式が決められており、庶民の家には無縁なものだったのです。現在、各地に保存されている民家はどれもみな豪農層のものですが、これらの間取りを見ると、個室は家長夫婦と若夫婦用の二室しかないのが普通です。庶民の家ともなればしんばり棒をかった木戸を開ければ障子一枚むこうはもう寝室で、〝和〟という以前の代物《しろもの》です。

こうした状況は、戦後も各地に出現し、政府の憂慮するところとなります。空襲で焼け出された人たちが、必死で建てた「ばらっく」と呼ばれる仮設住居です。政府の憂慮は生活者のプライバシーではなく、公然化する性生活が子どもたちに与える影響のようでした。それでも、木材不足はいかんともしがたく、波板トタンの出現がささやかな生活向上を実現してからも、なおしばらくは「ばらっく」生活が続いたのでした。

プライバシーはあった

塀が普通になった戦前の都市部でも、隣組によって、隣家との垣根《かきね》は通行用に切られているのが普通でした。だから、閉鎖型の塀を持つのは地方役人を兼務するような豪農たちや、都市の一握りのエスタブリッシュメント（支配階級）たちの、いわゆる「お屋敷」だけに限られていたのです。

そして彼らの家にはおそらくかんぬきがかかる門があり、丈夫な内鍵がしてあったに違いありません。私生活を覗かれたくないという意識もあったに違いないのです。実際、知られてはまずい公的な密談もあっただろうし、私的な密談もあったはずなのです。だからおそらく、プライバシーの必要性はこうしたエスタブリッシュメントの中から生まれてきたものではないでしょうか。当初、彼らはそれを自前で（江戸時代は幕府の許可を要したが）確保したわけです。

戦前から、あるいは江戸時代から、プライバシーはすでにあったのです。ただ、それを確保できる者と、できない者とがいたのです。できないものはそれを悔《く》やむのではなく、ある種の美徳《びとく》に変えました。「何も隠すような悪いことはしていないから、裸でいいのだ」と。これは私的領域を極力制限したい権力にとって、この上なくありがたい考えでした。美徳は大いに持ち上げられたのです。

誰にも覗かれたくない私的領域というのはあり、それが満たされなければ生活の活力は充実することがないでしょう。けれど、庶民《しょみん》に私的領域を積極的に自前で確保しようとする意欲、すなわちプライバシー意識の芽生えがあったかどうかは怪しいものです。家屋の形状がそれを許さなかったし、強大な力の前では、いつも裸同然だったからです。

また「家」制度は戸主に家族を監視する完全な権限を与えていて、家族員は戸主の妻を含め、戸主に隷従《れいじゅう》することを当然とする社会です。家族員は戸主に対して裸であるほかはなく、私的領域についての豊かなイメージを育てにくかったことも確かです。

したがって、日本人一般にとってプライバシーという言葉は新憲法が掲げた「個人の尊厳《そんげん》」と同様、極めて戦後的な概念であり、大戦前には根を下ろしようもない権利意識だった、ということができるでしょう。だから、日本においてプライバシーに明確な概念を持たせ、価値あるものに仕立てるには、戦前の「家」制度を基礎とする価値体系のマインドコントロールから抜け出した、わたしたちの仕事であるということができます。そしてまた、その成否は、戦後日本がほんとうに戦後日本として「個人の尊厳」を育て得たのかどうか、ということを問うものでもあるのです。

プライバシーの出現

日本にプライバシーという言葉がいつ登場したのか、正確なところは明らかではありません。が、筆者の知る限りでは一九五三年ごろに始まった、公営住宅の設計段階での議論が最も古いものであるようです。ここでは戦後の文化生活の基礎が建築をめぐって論議されています。

床の間の廃止、廊下の廃止、そして部屋としての玄関の廃止。限られた建設予算の中で、玄関口の壁を取り払ってしまった結果「寝室などを玄関の死角にするにはどうしたらいいか」といった間取り論議が、プライバシーに配慮した住宅、という観点から交わされています。

これはやがて庶民の暮らしの中にも投影されて「夫婦の寝室のプライバシー」や、「プライバシーを重視した住宅」などの言葉が登場。居室の洋間化に合わせた個室の施錠《せじょう》や、生垣《いけがき》の石塀（万年塀、ブロック塀）への改築などが始まっていきます。

個人の意識の面では「思想・信条の自由」という立場から、投票行動の秘匿《ひとく》、つまりは「だれに投票したかを知られない権利」がまず登場します。これは戦後民主主義の試金石とも言えるものでした。これは夫婦間にも通用する原理ですが、これはいまなお、実現しているとはいえませんし、地域によっては町内会などを通じた組織選挙が生きていて、投票行動を歪《ゆが》めつづけているのも事実です。

夫婦間のプライバシーがどうあるべきかでは意見が二分しています。夫婦間では秘密を持たないことを理想とする考えがまだ根強いからです。一方、親子間のプライバシーについても両論あるのは事実ですが、鍵つきの学習机や鍵つきの日記帳など、ヒット商品が確実に新しい流れを作り、次世代へのプライバシー保護は進んでいるとい

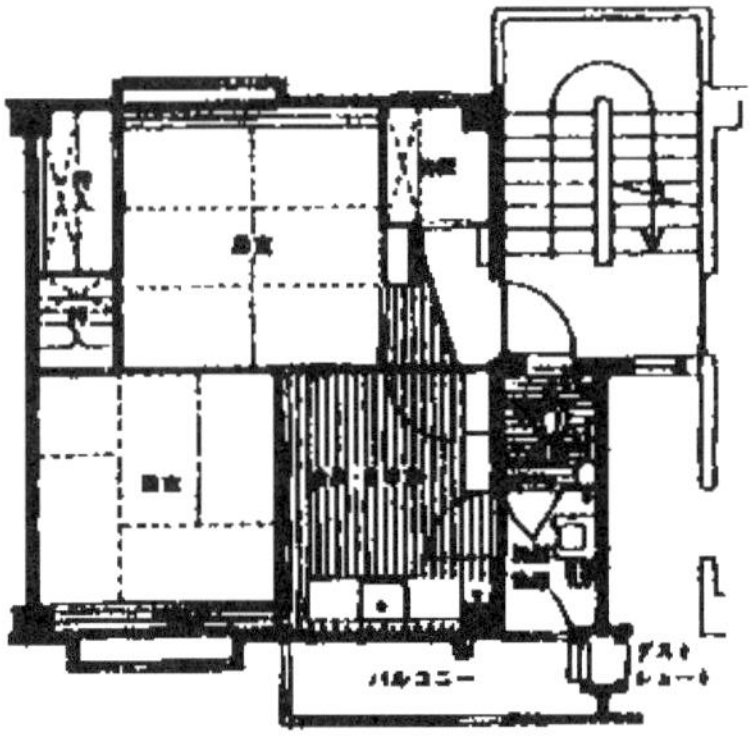

住宅間取り
公営住宅標準設計・2DK「51－C」型

「婦人参政権と第一回選挙」

戦後第一回の衆議院選挙は一九四六年四月一〇日に行なわれました。四五年一〇月に婦人参政権が認められてから始めての普通選挙で、定員四六〇名に対して二七八二名が立候補。女性の候補は八二名で、三九名が当選しました。女性の投票率は男性の半分と予想されていましたが、実際には八ポイント低いだけ（男六

っていいでしょう。唯一、難題であった電話の取り次ぎも、ポケットベルや携帯《けいたい》電話の登場によって世代間のプライバシー摩擦《まさつ》は確実に減少しています。

しかしこの生活のパーソナル化現象は、プライバシーという言葉の一般化に役立っているとはいえ、意識の向上を生み出しているとはいえません。プライバシーとはパーソナルな状態そのものではなく、パブリックな関係を前提に、ぎりぎり守られるべき個的領域だからです。これまで「私生活」といわれてきた家庭生活だけがパブリックな関係として立ち現われ、そこから身を守るのが唯一のプライバシーであるというのでは、「権利」としてあまりにも悲しすぎます。

また、親子間でのプライバシーに関しては、親に与えられた親権《しんけん》や養育権《よういくけん》、看護義務との絡みから、純粋な「権利」として確立されることはないでしょう。つまり、親がどう配慮するかにかかっているわけで、必要なのは親の側の確たるプライバシー意識であると思われます。

《宴の後》裁判

日本でプライバシーが初めて法廷で争われたのは、三島由紀夫の連載小説『宴《うたげ》の後』をめぐってのことでした。これは一九六〇年一月から『中央公論』で連載が開始されたモデル小説で、実名ではないものの、元外務大臣で東京都知事選挙に革新候補として立候補して敗退した有田八郎と、その妻（畔上輝井）が、政治と私生活との葛藤《かっとう》の

九・二%、女六一・三%）で、遜色はなく、女性候補の当選は女性票に依拠しました。

結果、離婚にいたるまでをテーマにした小説です。

畔上の承諾《しょうだく》を得ていた、とはいうものの、三島の筆は二人のベッドシーンを描くまでに至り、たまらず有田が単行本化の差し止めを申し入れたのです。「中央公論社」はこれを受け入れますが、三島が拒否。出版社を「中央公論社」から「新潮社」に変更して「モデル小説」と銘打って刊行したため、謝罪広告と慰謝料《いしゃりょう》の支払いを求めて有田が提訴した、という事件です。

日本で最初のプライバシー裁判として注目を集めましたが、それには「プライバシー」という言葉そのものの、ものめずらしさが手伝っていたようです。ラジオのニュースでも盛んに言葉解説をやっていて、子どもたちさえ聞きかじりの誤用をおもしろがっていたくらい。今ならさしずめ、流行語大賞に輝いていたことでしょう。

六四年九月、東京地裁の判決が出て、有田八郎側が全面勝訴。三島（新潮社を含む）は表現の自由（出版の自由）を楯に直ちに東京高裁に控訴しました。しかし、裁判中に有田が死亡。遺族と三島の間で和解が成立したため、高裁判決は出されずに終わりました。

『宴の後』に次いで大きな話題になったのは、映画「エロス＋虐殺《ぎゃくさつ》」（吉田喜重監督）をめぐってのプライバシー訴訟でした。大杉栄の心が伊藤野枝に向かうことに苦しんだ神近市子（劇中では彼女だけが仮名・正岡逸子になっていた）が、大杉栄を刺したという歴史的な事件（「日陰の茶屋」事件）を題材にした映画で、シナリオを読んだ神近がプライバシーの侵害と名誉毀損《めいよきそん》を理由に上映差し止めを求めて提訴した、というものです。

これに対して東京地裁は一九七〇年三月一四日、「プライバシーの侵害の違法性も表現の自由との比較衡量《ひかくこうりよう》ないし価値選択の問題であることに鑑《かんが》みれば、少なくとも本件について、その上映差止め請求権を産むべき高度のプライバシー侵害の違法性があるとは断定できないといわざるをえない」と判示。プライバシー権を表現の自由と比較考量する、という判断基準を示すことになりました。

一時は上映できないのではないかとも噂されていた映画ですが、ようやく上映にこぎつけ、筆者も拝観することになりました。

「エロス十虐殺」

以後、プライバシーと表現の自由、プライバシーと知る権利を背景にした報道の自由をめぐる訴訟が相次ぎ、プライバシーという言葉そのものは日常的に使われるものになっていきます。

Q3 プライバシーの定義って変わったんですか。教えてください

「プライバシー」は日本語訳が困難なだけでなく、欧米でも定義困難な、いままでも変化しつつある概念なんだと聞きました。これはホントなんですか。

プライバシーの土壌

プライバシーという概念《がいねん》を生み出したアメリカでも、その歴史はまだ浅く、他の人権同様、近代的なものだといえます。というのも、かつてプライバシーがカバーする私的領域は公権力の前では無力だったとはいえ、お互いの社会生活においては、それぞれの力量に応じて、侵害者にクレームをつけ、侵害の再発を防ぎえたし、私的領域の尊重が生活の円滑化《えんかつか》に不可欠なことを互いに認識しあっていたからです。

たとえば「お互いに秘密を持つのはよくない」という了解ができあがった社会でも、耳に口を当ててする内緒話《ないしょばなし》は公然と許されています。目の前でそれをされても、本気で怒ることはだれにもできません。内緒話を禁じることは社会の円滑性を欠き、個々人ののびやかな活動を萎縮《いしゅく》させて、社会全体が危機に陥《おちい》ることになる。そのことをそれなりに直感していたからです。

と同時に「陰口はよくない」とか「ひそひそ話はするな」といった、モラルやエチ

ケットが存在し、内緒話をするほうにも一定の制約がかけられ、社会生活の円滑性を支えていました。

プライバシーという概念はこれらの社会装置が機能しなくなって初めて、必要とされたものです。

この社会装置が機能しなくなった直接の原因は、都市化であり、近代化です。この変化の中で、人々は互いに対面関係にある生活を失いました。顔を突き合せる人間関係が希薄化《きはくか》し、一方通行であったり、部分交流であることが多くなったのです。都市における個の匿名性《とくめいせい》というのもそのひとつです。つまり私的領域の尊重を意識せずに暮らす場面が増え、侵害者の特定や、侵害回復の場が減少したのです。

そして、この人間関係の希薄化を補うように登場したのがマスメディアであり、コンピュータです。そしてそれらの発達は希薄化を動かぬものにしました。マスメディアにしてもコンピュータにしても、情報の量は圧倒的で、流れは一方的です。侵害は巨大な広がりを持ち、個人の力ではとても回復することのできないダメージを負うことになります。

社会によって私的領域が尊重されている、と感じられないこと、信じられないことは人々の暮らしを不安に陥《おとしい》れ、意識や行動を萎縮させます。それはいつしか不満やストレスとなって社会を脅かします。プライバシーはこれらを解決する約束ごととして登場してきたのです。

アメリカでの出現

「privacy」という言葉はそもそも英語で、隠すとか、隠れることを意味するイギリスの言葉でした。これに権利としての意味合いを与えたのはアメリカです。アメリカでは建国以来、言論の自由が大切にされ、各都市で多くの新聞が発行されるようになります。その中には「イエロージャーナリズム」と呼ばれる、町のゴシップや下ネタばかりを専門に扱う新聞も少なくなく、槍玉《やりだま》に挙げられて迷惑する被害者が後を絶ちませんでした。そんな被害者の一人、ボストンに住む製紙業者のサムエル・ウォーレンさん（元弁護士）が友人の弁護士ルイス・ブランダイスさんとともに一八九〇年、「The Rights to Privacy」という論文を発表、プライバシーの権利を初めて提唱したのです。

このとき二人はプライバシーの権利を「rights to be let alone」と定義したため、「一人にしておいてもらう権利」「そっとしておいてもらう権利」として、解釈されるようになります。

そして二〇世紀に入ると、このプライバシー権をめぐる訴訟が起こり始めます。自分の写真がコマーシャルに勝手に使われた、という、いわゆる肖像権《しょうぞうけん》をめぐる裁判では、一九〇二年、ニューヨーク（州最高裁）では却下《きゃっか》されますが、一九〇五年、ジョージア（州最高裁）では、この権利が認められることになりました。

「肖像権」
　自分の顔写真や似顔絵などを勝手に公表されない権利で、広く知られたプライバシー権の一つです。が、これも字句どおりに規定された権利ではなく、一般的な幸福追求権の一つとして定着している権利にすぎません。また、撮影そのものが禁止されているわけではなく、微妙なケースも少なくないのです。

もっとも、他人の名前や他社の社名を勝手に使用することが違法なのですから、肖像権は商標登録《しょうひょうとうろく》の考え方を当てはめて保護することもできたはずです。たとえば大統領の顔に吹き出しをつけ、「私もこれを使っています」とすれば、これは肖像権というよりも、商標権（アメリカでは人名も商標権の一種と考え保護されています）の侵害だということができるでしょう。

これに対し、プライバシー権で戦う以外に救済の方法がなかった事件が一九二五年に起きたメルビン事件です。元売春婦だった女性が改心し、社会的地位のあるメルビンと結婚。社交界でも顔の広い篤志家《とくしか》になった。この彼女の過去を暴《あば》く映画を本人に無断で製作。「実話」として上映したため、精神的、身体的苦痛をこうむったとして、彼女が五万ドルの損害賠償請求訴訟を起こしたのです。

一九三一年、カリフォルニア州最高裁判所は彼女の訴えを受け入れ、州法に規定がなくても「正当な生活者」には「幸福追求権」がある、とし、「プライバシー権」もそのひとつであると宣言しました。この判決は同時に、その限界にも触れ、ニュース報道や一般の人々の正当な関心に必要な情報、プライバシーの公開を仕事の一部にしている有名人や公職の候補者には及ばない、といっています。侵害が成立するのは文書や映像などの記録媒体《きろくばいたい》の上でのことに限り、陰口《かげぐち》など、口頭での表現は含まない、ともいっています。

表現の自由や報道の自由、知る権利との関係で、貴重な判断基準を与えた判決です。

発展中の定義

プライバシーとは、「正当な生活者」が、自己情報を不当に公開され、「幸福追求権」を奪われることのない、各人が保有する当然の権利で、基本的人権のひとつである――ということはまちがいありません。それをウォーレンとブランダイスが「一人にしておいてもらう権利」と表現したのです。

しかし、これは「プライバシー」すべての定義ではありません。プライバシーにはさまざまな要素と側面とがあって、ひとつに定義しにくいものなのです。そこで、アメリカの不法行為法の権威であるW・プロッサーという学者がこれを四つに分類しました。一九六〇年になってのことです。

(1) 私生活への侵入（侵入）
(2) 私事の公表（暴露《ばくろ》）
(3) 誤認を引き起こす公表（誤用）
(4) 個人識別徴表《こじんしきべつちょうひょう》の無断使用（盗用）

この四分類は多面的なプライバシーをうまく整理したものとして好評でした。この四つに当てはまる公表は損害賠償請求の対象となる「不法行為」である、というわけです。しかし、その直後からプライバシーの概念は、大きな波にさらされます。

民主主義をたてまえにする社会では、個人の幸福追求権の充足こそが、社会の最大の目的になります。国やその他の公権力も、成員の「生命・財産・名誉」を守り、幸福追求権を保障する組織としてのみ、存在の意味があるわけです。

六〇年代、戦時体制から脱却した欧米の各国政府はこのことを進んで追求する必要に迫られました。消極行政から積極行政に、小さな政府から大きな政府へ、国は国民の幸福を守る（軍や警察によって）ことから支援する（社会保障によって）ことへと向かったのです。政府にコントロールされた幸福追求は、人々の意識を統制するためにも有効でした。こうして、政府の市民生活への介入が急速に進み、大量の介入はコンピュータの発達と利用を促しました。

その結果、マスコミ表現など私人間の権利侵害を対象としてきたプライバシーが、政府や公権力をも対象に収めることになりました。これが基本的人権のひとつである以上、当然の結果であるといえましょう。一九六五年、アメリカの連邦最高裁判所は「プライバシー権」が合衆国憲法に合致した権利であることを認めました。

また、コンピュータの発達によるプライバシーの脅威は、公の媒体で表明された（公表された）不法行為としての侵害ばかりではなく、公表以前の、どう利用されるかわからない不気味なデータの山から覚える不安にも広がることになりました。個人データが大量に蓄積されることは、個人の自由をデータの所有者に預けてしまうことを意味し、幸福追求はもとより、そっとしておいてもらえる可能性をも手放してしまうことにつながるからです。

こうした新たな事態に対して、プライバシーの新たな定義が模索《もさく》されました。そして、それまでの「……しておいてもらう」という消極的なものではだめだ、ということになります。積極的な定義が求められたのです。そんな中、A・ウェスティンは一九六七年、プライバシーを「個人、グループ、または組織が、自己に関する情報を、いつ、どのように、また、どの程度に他人に伝えるかを自ら決定できる権利」（堀部政男『現代のプライバシー』）と定義しました。

いわゆる「自己情報のコントロール権」「自己情報の自己決定権」などと呼ばれるものです。従来の定義を「消極的プライバシー」、新しい定義を「積極的プライバシー」あるいは「ニュー・プライバシー」などと呼んでいます。

もちろん、積極的定義によって従来の消極的定義が死滅したわけではありません。両者を包括《ほうかつ》する定義の試みもさまざまになされています。ここではそのひとつである坂本昌成さんの定義をご紹介しておきましょう。坂本さんは一九八六年の『プライバシー権論』のなかでこういっています。プライバシーとは「他者による評価の対象になることのない生活状況または人間関係が確保されている状態」に対する「正当な要求または主張」をいう。

たしかに新旧の定義を包括していますが、広すぎて、ぼんやりしています。しかし、それを埋める具体的な要求や主張が将来現われてくるとも考えられます。つまり、プライバシーの権利はなお発展途上にあるのです。

Q 4 憲法一三条に定める基本的人権との関係を教えてください

プライバシーは基本的人権のひとつなのだと思いますが、人権である以上、権利の法的な根拠（法源）があるはず。法源は憲法のどこにあるのですか。

人権とプライバシー

プライバシーは一九世紀に登場した新たな概念であり、二〇世紀になって法的にも確立された権利である、といいました。と同時に、人間が当然に持っている自然の権利であり、奪うことの許されない基本的人権の一種である、ということも示唆《しさ》してきたつもりです。

それはどういうことかというと、私たち人間は社会的な生き物ですが、社会とは孤立した個体の集合でもあり、個体としての安定をまず必要とするからなのです。この安定を認めない社会は決して存続することができません。だから、プライバシーは付与されたものでも獲得したものでもなく、本来、当然のごとく存在してきたものなのです。

もちろん戦争や災害など緊急時にはこの限りではありませんし、「懲罰」などの形で、特別の層に対して一部の権利を奪うことがあっても、社会が存続できることは言うまでもありません。しかし、人の個体としてのあり方を広い層から、常に奪うことはできないのです。

私はプライバシー権の登場を決して喜んでいるわけではありません。プライバシー権の登場はむしろ、プライバシーの脅威が進んだためだと考えるからです。社会は個体に対して巨大になりすぎ、個体の安定に気を配る必要を感じない怪物に育ちつつあります。つまり緊急時が常態となり、特別な層が一般化しているのです。マスコミにもその責任はありますが、とりわけ国家は、人が持つ当然の権利を次々に脅かし、当然の権利を日常的に制約しようとしてきました。

戦争の世紀であった二〇世紀は、総力戦の時代であり、人々を常に戦時体制につなぎとめておくことが国の目標になりました。しかし、こうした社会の完成は、おそらく社会の終焉《しゅうえん》です。人々のストレスは極限にまで拡大し、活力を失って内部崩壊をはじめます。

プライバシー権の登場はこれに対して待ったをかけ、社会の存続を求めるぎりぎりの叫びです。「ふざけんなよ、そんなことおれの勝手だろ」「いいかげんにしてくれよ。おれの孤塁《こるい》をどこまで踏みにじれば気がすむんだ」という叫びです。だから、プライバシーの定義はそれを脅かしてくるものによって拡大すると考えられます。プライバシーの定義がなお発展途上であって、今この時点でここまでと線引きすることができない概念なのは、そのためなのです。


ヒットラーは人権の生みの親?

逆説的なことですが、基本的人権が制度としても必要なことを教えたのは、そのすべてを圧殺したドイツ・ナチス政権だともいわれます。ヒットラーは民主的二〇世紀の後半になって、国際社会はようやくそのことに気がつきました。政府やマスコミなどの巨大な力が人間の自然な権利を踏みにじれば、社会は崩壊《ほうかい》する。だから国連はこれを基本的人権のひとつと考え、各国政府に対して、一定の配慮を加えるよう、要求しています。

基本的人権という概念も、国際社会が到達した、とても重要な考え方です。差別の撤廃、弱者の救済、プライバシーの保護……国連は今さまざまな人権問題と取り組んでいます。その活動も重要であると思います。しかし、これもまた加熱する競争によって社会が一体性を失い内部崩壊してしまうのをかろうじて阻止しているに過ぎません。競争社会の拡大そのものは野放しなのです。

私は「人権の保障」を免罪符《めんざいふ》に、巨大な力が個人を圧倒することを恐れます。「人権」はいつもその社会がクリアーすべき最低の条件であるべきです。そして、これが免罪符にならないよう、その中身を日に日に充実していかなければなりません。

プライバシーの法源

プライバシーは人が本来保有しているはずの自然権なので、戒厳令下《かいげんれいか》にある軍事独裁国家は問題外のことですが、民主社会を標榜《ひょうぼう》する社会である以上、この権利が認められていなければならないことになります。信教《しんきょう》の自由、思想信条の自由など、憲法や法律で明示されている権利はいい（それでも、通信の秘密や表現の自由は脅かされ、問

な選挙を経て登場し、人の命さえ奪いました。どんな手続きを踏もうと、どんなに広範な支持を受けていようとやってはならないことがある、やらせてはならないものがある。これが基本的人権の思想です。プライバシーの保護、権力による個人データ支配の阻止、これもまた、ナチスからヨーロッパの人々が学んだことだそうです。ヒットラー・ナチスがユダヤ人を狩り立てていったとき、ゲシュタポ（秘密警察）の手には市民の親族関係、血縁関係を克明に調査・記録した手帳が握られていたからです。そのヒットラーがある日こういったそうです。「日本の戸籍制度は素晴らしい。こんな手帳を作る必要もない」。そして彼は日本をまね、「家族手帳」をこしらえました。親族・血縁関係を記した手帳で、一家族に一冊配布したのです。戸籍とは比べようもないちゃちなものですが、この手帳は今もドイツにあります。

題になっていますが）のですが、そうでないものは他の文言からひねり出さなければなりません。

したがって、各国とも、それぞれの国の憲法や基本法の解釈の中に、その法源を見出そうと努めてきました。一九六五年にアメリカが、憲法修正条項の中にこれを見出し、プライバシー権の保護を宣言したのもそうした事情があるからです。

同様に日本でも、プライバシーの法源を求める動きが法学者の間で進んでいます。広く支持されている意見を紹介しておくと、憲法一三条「すべて国民は個人として尊重される。生命、自由及び幸福追求に対する国民の権利については、公共の福祉に反しない限り、立法その他の国政の上で、最大の尊重を必要とする」が基本条文で、これを三一条「何人も、法律に定める手続きによらなければ、その生命もしくは自由を奪われ、又はその他の刑罰を科せられない」がサポートしている、といわれます。

それはその通りなのですが、「公共の福祉」を名目に、個人の権利を制限する法律が制定されてしまえば、せっかくの条文は意味を失います。この指摘も多くの学者から出されています。だから、必要なのはこの「公共の福祉」を限定的に解釈（たとえば憲法で明文化されている他の権利との調整が必要な場合など）し、むやみに適用しないことです。

けれど、民主主義を装った国家主義社会は、「公共の福祉」を限りなく拡大して、個人の権利を制限しようとします。「公共の福祉」というあいまいな概念は、注意しないといつでも「国家の利益」という中身に置き換えられてしまうのです。

しかし、忘れないでください。一三条がどんな文言であるかどうかに関係なく、奪うことのできないプライバシーの権利はあるのです。それは個人にのみ帰属《きぞく》する権利で、他者との調整が必要な場合を除き、社会が介入《かいにゅう》できないものなのです。

「民」を「主」人とする社会では、社会の構成員である「民」の内面の自由が保障されていなければなりません。それが民主社会の絶対的な基礎なのです。したがって、プライバシー権の法源を持たない社会では、それを発見しなければならないのです。

プライバシーのレベル

自治の意識が弱い日本では、わかりやすい例にはならないかもしれませんが、プライバシーは自治権に似ています。プライバシーは常に国家と直面するものではなく、さまざまなレベルの社会と直面し、そのレベルに応じた権利とその限界とがあるのです。

たとえば個人のプライバシーと夫婦のプライバシー、親子のプライバシーは異なります。日記帳のようなものは完全に個人の内面に属しますので、夫婦間、親子間であっても覗かないことが前提です。子どもが行方不明になった、などの緊急事態には親権・看護権の行使として覗くことも正当でしょうが、そうでなければやはり個人が内密《ないみつ》にしておきたいことは内密にしておく権利として認めるべきです。これを侵せば子どもは日記を書かなくなり、いざというとき、子どもの姿を見失います。覗くよりもまず問うことです。

同様に、夫婦に属する秘密は夫婦のもので、他の世帯員が侵してはならないものです。性の営みやその嗜好《しこう》などがこれに当たります。世帯で共有すべき情報は、世帯を営むに当たって必要な情報に限られます。人と人との一対一の関係性は、世帯を構成する基礎として、世帯全体の存続とは別な価値を持つのです。

そして、わかりにくいのはこの先なのですが、地域には地域に必要な情報があり、企業などの利益共同体には利益共同体として必要な情報があり、それ以上に互いの世帯を詮索《せんさく》してはならないのです。それと同様に地方自治体には地方自治体を運営するに当たって、必要な情報がありますし、他方で、地域に預け、深入りしてはならない情報があります。また、政府には政府に必要な情報があるわけですが、自治体に任せ、政府が干渉してはならない情報があるのです。

地域や企業が世帯の私生活部分にかかわる情報をむやみに集めれば、これはプライバシーの侵害に当たりますが、国家が地方に関する情報を勝手に集めるのは地方自治権の侵害なのです。この説明が日本で理解しにくいのは、この国が地域の情報を国家や自治体が直接集め、自治体が集めた情報を国家が吸い上げることになんの疑問も持たず、情報の中央支配、中央集権を実現してきているからです。そのような社会は民主主義とは言いえず、国家主義社会なのだと考えるほかはありません。

たとえばドイツは州政府が集めた住民情報は州政府の地方自治を実現するためのものので、連邦政府には提示しません。「戦時には提示するよう」という有事法案が出されましたが、連邦議会で否決されています。イスラエルの共同体「キブツ」は、キブツ内の警察権をもキブツ自身が握り、キブツ成員の個人情報を地方自治体にも明らかにしていません。

つまり、プライバシーにはこのようにさまざまなレベルがあって、レベルによって守るべきものも違うのです。そして、個人のプライバシーを守ることと自治権を守ることには一定の共通点があるのです。日本は国が侵してはならないことを、個人のレベルはもちろん地方のレベルでも明確にしなければならないのです。

Q5 人を傷つける差別情報は禁止すべきなんじゃないですか？

プライバシーには重さがあるように思うのですが。人を差別するような個人情報は最初から公表を禁止しておくことが必要だと思いますが、できないのでしょうか。

プライバシーの重さ

日本のプライバシーに対する目覚めは遅かったといいましたが、この権利意識が一般にも定着したのは写真週刊誌の登場によって有名人のスキャンダルが日常的に暴《あば》かれるようになってからのことではないでしょうか。中でも、一九八六年、写真週刊誌『FOCUS』と『フライデー』の取材合戦が過熱化（FF戦争）した頂点で起こった、ビートたけしの講談社乱入事件や、一九九七年、国際的なスクープ合戦（パパラッチとして知られた追跡取材）の果てに起きたダイアナ元イギリス皇太子妃の自動車事故死は、多くの人たちにプライバシーのあり方を再度考えさせる契機になったといっていいでしょう。

実はこの間に、テレビ各社の事件報道などの報道合戦で、事件被害者や周辺関係者のプライバシーが顔付きの映像で流されることから、「マスコミ被害」とか「報道被害」といったものがひんぱんに起きており、プライバシーは一部有名人の問題ではなく、だれもが巻き込まれる恐れのある人権問題なのだということが人びとの間にジワジワと浸透していました。そのため、ビートたけしの事件でもダイアナ元妃の事件でも、多くの人が加害者としてのマスコミを非難したのです。

悲しいかな私たちは「人の痛みを感じるのは難しい」と言います。自分が被害者になる可能性が出てきて、ようやくプライバシー権を考えるようになったのだともいえるでしょう。しかし、痛みを感じる者にとってはよそ事ではありません。プライバシーという概念が確立していようがいまいが、自分の幸福を追求するために、不当な干渉とは戦わなければならないのです。したがって、日本にもプライバシー概念が登場するより遥《はる》か以前から、プライバシーを守る戦いは始まっていたのです。

その最大のものが部落解放《ぶらくかいほう》を求める反差別人権闘争だといえるでしょう。この運動をプライバシー権のなかに閉じ込めるつもりはまったくありませんが、運動の一部がプライバシー権確立のために機能したことは間違いありません。江戸時代、服装の制限を強制されたりして、プライバシーをあらかじめ奪われていた被差別部落《ひさべつぶらく》の人々は、明治以後も「新平民《しんへいみん》」というレッテルを貼られ、差別されていました。このレッテルを拒否する戦いはまぎれもなくプライバシーを守るための戦いでした。

別の項（Q8・六六ページ参照）で詳しく述べますが、部落解放運動や障害者解放運動は、この国のプライバシーにたいする意識をたかめる上で、先駆的《せんくてき》な役割を果たしたことは否定できません。おなじ「私事」に干渉されることでも、差別にかかわる部分に干渉されることは見過ごしえない重大事だからです。

勝手にその日の食事内容を公表されることも、差別の目にさらされる恐れのある事項を公表されることも、プライバシーの侵害に違いはありません。しかし、その重さには違いがある、というほかはありません。

評価と差別

坂本昌成さんの定義によれば、プライバシーとは「他者による評価の対象になることのない生活状況または人間関係が確保されている状態」でした。人は他人に関する情報を手にすると、なにがしかの評価を下そうとするものです。つまり、人に関する評価しうる情報や評価が加えられた表現はすべてプライバシーの対象になる、ということです。

そこで問題になるのが「評価」とは何かということです。新漢和辞典には「人の価値や物の価格を見定め決定すること。また、その内容」とあります。辞書はともかく、私たちが一番なじんでいる評価に学習評価があります。五段階評価が普通で、「相対評価」がいいか「絶対評価」がいいか、などという論争もあります。人が人を評価することの限界や、評価するという行為そのものが教育には不適切だという意見もあります。行動の記録に関しては、評価せずに特性を記述しよう、などの試《こころ》みもされています。

「柳美里さんの敗訴」

二〇〇一年二月、東京高裁が芥川賞作家の柳美里さんの障害者を扱った連載小説「石に泳ぐ魚」が、モデルである障害者のプライバシーを傷つけた、として、作品の単行本化の差し止めと損害賠償を命じる判決を出しました。裁判は上訴中で、判決そのものを論評するつもりはありませんが、判決が「障害者を描くに当たっては障害をもつ者の心の痛みにも思いを致さなければならない」と判示したことは理解できます。

もちろん学習の記録はすべてが重大なプライバシーですから、「通知表《つうちひょう》」はこっそりと家に持ち帰るのが普通です。

いずれにせよ、評価は通常、上下、遠近といった評価軸によって価値量的に認識される場合が多く、特性とか分類といった横並びの概念を当てはめても、自分にとってはどちらの特性のほうが好ましいか、といった価値量に変換されてしまう場合が少なくありません。

もちろん人間社会の価値軸は多様で、一個人に対する評価は多面的で複雑なものになります。また、評価の多くはあいまいなもので、一時的なものだったり、評価軸の上にぴったり乗せられなかったり、判断保留中であったりするものがほとんどです。ところが分類の中には横並びの区分ではなく、評価軸に沿って人を区分するものがあり、いったんこの区分の中に固定されるとその人の価値評価が確定してしまうたぐいのものがあります。いわゆるレッテル（ラベリング）です。学習に関していうなら、その学期に限った評価にすぎませんが、五段階評価もこれに近いものです。

また、この価値軸が人格の中枢をなすようなもので、しかも、区分が社会的に共有されている場合、その区分には社会的差別が反映している場合が少なくありません。男女の区分は横並びの区分ですが、「男は強く、女は優しい」といった特性の表現は、身体的強さの評価軸で女を劣位に区分し、内面的な優しさの評価軸で男を劣位に区分するものです。つまりこれは明らかな差別なのです。優しい男や強い女は、この価値軸に収まらないものとして排除されます。

また、部落差別は本来、職業区分に基礎を持つ横並びの分類でした。その上現在ではもう、この分類は社会的な機能を失っています。にもかかわらず、人格そのものをさげすむため、一部の人たちの心の中の価値軸に巣食《すく》っているもので、その差別の結果、部落というカテゴリーが残ってしまいました。たった一個の価値軸において、人を決定的に区分しようとする、この種の乱暴な評価はそれ自体が差別的だといえましょう。

人は情報を評価に利用し、評価はおうおうにして差別を含みます。したがって、差別のない社会を作るためには差別を生む恐れのある情報（評価材料）を提供しないようにしなければなりません。差別情報は、差別のない社会にとって無用な情報なのです。

センシティブ情報

プライバシーは人が持つ自然権のひとつであるといいましたが、条文上の明示がなくても存在するため、無名の権利だともいわれます。また、さまざまに明示されているものを含むため、構造的な権利だとか包括的な権利だともいわれます。そうした定義はともかく、では、この権利の保障とはいったい何を指すのでしょうか。

実はこれもまた難しいのです。自分の行動を規制されたり制限されたりしない、と

「部落地名総鑑の扱い」

政府の人権擁護推進審議会は二〇〇一年四月一六日、『地名総鑑』など、差別を助長誘発する恐れの強い著作物を、裁判所の命令に基づき、強制排除する組織を作る（各法務局の人権擁護部門を当てる）ことで合意しました。排除の対象は「被害者が自分で裁判を起こせない場合や、裁判だけでは問題の解決にならないケース」だ、としています。（Q22・一九一ページ参照）

いう点では自由の保障ですので、これは自由権の一種です。自分の行動とは関係なく自分の情報が一人歩きしてしまった場合には、それを事後的に回復すべき損害賠償請求権が生まれます。これは求償権《きゅうしょうけん》ともいいます。つまり、法律によらなければ、好きでもないものを見せられたり、食べさせられたりすることのない自由権と、自己に関する情報を不当に公表した者に対して、裁判を起こし、損害賠償や、可能なら原状回《げんじょうかい》復《ふく》などを求めることができる求償権とを持っているわけです。

しかし、プライバシーに関わる個人情報は一度公表されてしまったら取り返しのつかない性格を持つものが多く、しかもそれが、その個人の人生にとって決定的に重要な情報である場合が少なくありません。このような情報の漏洩《ろうえい》からその人の人生を守るためには、自由権や求償権だけでは足りないことが出てきてしまうのです。

そこで必要になるのが一定の個人情報の公表を事前に阻止するということです。もちろんこれは他者の基本的な権利である表現の自由や知る権利、報道の自由を制限するものですから、一定の個人情報をむやみに拡大することは許されません。厳密な検討が必要です。

なにが個人にとって重要な、公表されると人生を決するような、したがってなんとしても蓋をしておきたいプライバシーか、は、人それぞれによって違います。それらをなんでも公表禁止にしてしまっては、表現の自由や報道の自由は成り立ちません（これについてはQ22・一九一ページ参照）。したがって、こうした事前禁止事項は、個々人の思いとは別に定めておく必要があります。

こうした特別な個人情報のことを、国連などは「センシティブ情報」と呼び、他の個人情報とは区別して保護することにしています。たとえば人種を識別するための血の比率などというのは、人種差別のための情報以外の何物でもなく、こうした情報を含む表現を、表現の自由や報道の自由によって保護する利益は何もないわけです。

つまり、それ自体が差別であったり差別を引き起こす原因になるような個人情報については、その公表が対象となった人物の人権を脅かすことになるのです。すなわち、このようなセンシティブ情報については、公表を事前に阻止する手段を必要とするのです。そのためには、こうした情報を収集したり、保存したりすることを禁止することもあります。

プライバシーには質や深さの違いがあり、それに応じて保護する手段も異なります。筆者はマスコミや知人などによる記述的な表現が犯したプライバシーの侵害については、事後的な損害賠償請求権によって対応すべきだと考えています。しかし、これを記号化したリストやコンピュータデータについては、それが公表されるか否かにかかわらず、事前に規制できる方式をとるべきだと考えています。

こうした考えから登場してきたのが国際的な「個人情報保護」のための立法化の流れであり、条約化の動きなのです。

Q6 個人情報保護条約の歴史的な流れを説明してください

個人情報を保護する国際基準として「OECD8原則」というのがあるそうですが、これが最も優れたものなのですか? 保護の歴史を教えてください。

保護法の必要性

プライバシー権は人が保有する基本的な権利であり、民主社会である以上、明示的《めいじてき》な法律がなくても保護されなければなりません。そして実際、多くの国の裁判所が、肖像権の侵害や名誉毀損《めいよきそん》などの形で、プライバシーの侵害者に対して損害賠償や慰謝料《いしゃりょう》の支払い、謝罪広告の掲載などを命じてきました。

だから、理屈の上では国が保護法を作らなくてもプライバシーは保護されることになります。しかしこれはあくまでも古いプライバシー概念「一人にしておいてもらう権利」にしか当てはまりません。裁判所で保護できるのは、実際に侵されたプライバシーで、その被害者がおり、侵害者が明らかな場合だけです。侵害の恐れのある情報の保有者に、警告を発したり、被害者ではない者が、情報を監視したり、侵害者が特定できない情報を破棄させたり、ということはできないのです。

でも、実際にこういうことができないと、巨大な情報ストックを可能にしたコンピユータから私たちが身を守ることはできないのです。情報は単に人物評価に利用されるばかりではなく、権力の源泉ともなります。上司《じょうし》は必ず部下の情報を集めますし、政府は常に国民の情報を欲しがるものです。恐ろしいことに情報は人を脅迫《きょうはく》したり、操《あやつ》ったりするためにも役立つものなのです（学校の生徒記録を「エンマ帳」というのを思い出してください）。

一九六〇年代後半に、「自己情報のコントロール権」というあたらしいプライバシー概念が必要になったのも、コンピュータが人の自由に対する脅威となったからにほかなりません。この個人データ保護、データ管理を実行するためには具体的な立法措置が必要です。また、一九八〇年代に「センシティブ情報」を特定し、それが生み出す差別をなくそうとする考え方が登場してきましたが、そのためにも立法措置が必要になります。

こうして各国は個人情報を保護する立法作業に入ることになります。最初にこれを導入したのは、労働人口の少なさをコンピュータで補うため、各国に先駆けてコンピュータ利用が進んでいたスウェーデン（地方レベルでは、一九七〇年のドイツ・ヘッセン州「データ保護法」が最初）です。スウェーデンは一九七三年に「データ法」を制定、八二年には全面改訂して保護を充実させています。翌七四年、アメリカ連邦議会が「プライバシー法」を制定。コンピュータの導入を不可欠とし、プライバシーの危機を防がなければならない、としています。

「データかプライバシーか」

個人に関するさまざまなデータ（行動を決めるに当たって集められた、あるいは引き出し得る資料）はプライバシーの一形態で、保護の対象の一つです。しかも、行動を起こされ利用されては後の祭りで、それ以前の収集、蓄積の段階で規制可能な形態を持っている、ということができます。プライバシーの概念は広すぎて、保護法になじみにくいため、世界の法はどれもデータ保護を対象にしています（日本の保護基本法案だけがこの原則を踏み外そうとしている―Q22参照）。データ保護法は不当な利用から個人データを保護することと、不当な個人データから対象者を保護すること、の二重の意味をもっています。これをデータ処理のルール化によって実現しようというのが「データ保護法」「データ法」です。アメリカのような「プライバシー法」というネーミングは規制の対象を明確に示していない（対象はデータであるのに）ため、学者のレベルでは国際的にも「データ」が支持されています（日本は「情報」と訳していたため、これが学者の頭を含め、一九七七年には西ドイツ（当時）、カナダが、七八年にはフランス、ノルウェー、デンマーク、オランダが同様の法律を制定。七九年にはルクセンブルグがこれに加わり、七〇年代にはイギリスや日本を除く主要な国々のデータ法、プライバシー法が出揃うことになります。

それらの中身に踏み込むことはできませんので、ここでは一九七七年にアメリカがプライバシー法運用の原則として発表した「八原則」だけを挙げておきます。

(1) 公開の原則（秘密で個人データの保管システムを持ってはならない）
(2) 個人アクセスの原則（自分に関する記録を見、複写する権利がある）
(3) 個人参加の原則（自分に関する記録につき、訂正させる権利がある）
(4) 収集制限の原則（収集データの種類および収集方法に制限を加える）
(5) 使用制限の原則（個人データの内部利用に制限を加える）
(6) 提供制限の原則（個人データの外部提供に制限を加える）
(7) 情報管理の原則（データの収集、保管、使用、提供の適正、正確性に責任を持つ）
(8) 責任の原則（データの保管方針、業務、保管システムに責任を持つ）

国際条約の登場

インターネット社会になった今、だれでもすぐ気づくことですが、コンピュータ情報は一瞬にして国境を越え、世界を駆け巡ります。国際的金融会社や保険会社などは、

混乱要因になっています—規制の対象がデータであることが忘れられています）。

個人データを毎日のように国境を越えてやり取りしているわけです。
だから、個人情報保護の必要性が認められてくると、それが国を超えて適用されることを望むことになります。すなわち、国際条約の必要性です。

その舞台となったのが、国内法が整備された加盟国を多く抱える国連のOECD（経済協力開発機構＝日本を含む二四カ国が加盟）と、CE（欧州議会＝ヨーロッパの経済・社会の発展と欧州統合を目指す国際組織）でした。単一市場を目指すCEが条約に積極的だったのは当然ですが、CE加盟各国はOECDにおいても条約の積極推進派でした。

OECDにおいて、CE各国を迎え撃ったのはアメリカでした。

というのも、コンピュータ（ソフトを含む）の輸出国であるアメリカにとって、コンピュータの輸入国が多いCE各国に比べ、コンピュータ利用の妨げになるような厳しい内容の保護条約には消極的だったからです。CE以外のOECD加盟国では、カナダ以外は国内法も未整備で、迎え撃つどころか論議そのものから逃げていました。

各国のこうしたスタンスから、できあがった条約の内容はこういうことになります。

CEが締約した「CE個人データ保護条約」は、加盟国の義務と罰則を設けた厳しいものとなり、OECD理事会がまとめた「ガイドライン（理事会勧告）」は、アメリカに譲歩し、やや甘いものになっているのです。それでもこの理事会勧告の採択《さいたく》に、アイスランド、オーストラリア、カナダ、イギリス、トルコが棄権しました。

日本はこの勧告が強制力を持っていないことに着目し、「国情に適した形で今後の

「CE（欧州議会）」

Council of Europe の略で、欧州議会と訳されます。一九四九年にヨーロッパの経済・社会の発展と欧州統合を目指して設立され、ECC、EC、EU結成の母体になりました。

国内政策に反映させるよう努力したい」と、単なる努力目標だと勝手に解釈して、採択に賛成しています。つまり、表の顔と裏の顔を使い分け、国際舞台でいい格好をして見せたのです。

ＣＥの「個人データの自動処理にかかわる個人の保護に関する条約」が採択《さいたく》されたのは一九八〇年九月一七日（八五年一〇月発効）、ＯＥＣＤの「プライバシー保護と個人データの国際流通についてのガイドラインに関する理事会勧告」が採択されたのは一九八〇年九月二三日です。

ＯＥＣＤ八原則

ＯＥＣＤの理事会勧告は付属文書である「ガイドライン」を最低基準とするプライバシー保護を国内法で確保するよう、加盟各国に求めています。と同時に、国内法が過剰に厳格な保護を行い、情報の流通を妨げることがないよう、釘を刺すことも忘れてはいません。「加盟国は、プライバシー保護の名目で個人データの国際流通に対する不当な障害を創設することを除去し又は回避《かいひ》することに努めること」というのです。

また、このガイドラインが保護対象とする「個人データ」とはなにかを明確にしています。勧告は個人データを「原則として国民登録番号などの直接的方法又は住所などの間接的方法によって特定の自然人と結びつく情報を意味する」というのです。ポイントは「特定の自然人と結びつくデータを含んだ情報」ということでしょう。

「障害回避はアメリカの要求」

ＯＥＣＤのガイドラインに「データ流通の障害回避」を盛り込んだのはアメリカで、ヨーロッパが厳しい基準を国際流通の相手国に求めようとするのを牽制したものです。しかし、ヨーロッパは「センシティブデータの流通禁止は不当な障害ではない」として、アメリカやイギリス、日本に対し厳格な保護法制定を要求し、イギリス、アメリカがこれに屈しました。ＯＥＣＤのガイドラインはもう国際基準としては過去の遺物になった、といえます。

この原則もアメリカのプライバシー法に倣《なら》って八原則でできています。つぎにそれを見ておきましょう。

(1) 収集制限の原則　「収集データの種類および収集方法に制限を加える」ということですが、収集方法については「適法かつ公正な手段によって、かつ適当な場合には、データ主体に知らしめ又は同意を得た上で、収集されるべきである」と、具体的に踏み込んでいるのに対して、収集データの種類に関してはただ「制限を設けるべきである」としか言っていません。「センシティブ情報を列挙すべきだ」としたCE各国に対して、「万人が認めるセンシティブデータを定義するのは不可能だ」とするアメリカの主張が通ったからです。

(2) データ内容の原則　収集データは利用目的に沿ったものでなければならず、利用目的の範囲内で正確、完全、最新のものでなければならない、というもの。アメリカのプライバシー法運用の原則(7)の一部に当たる部分を拡充したものです。そして、利用目的の明確化が打ち出されたため、次の原則が新設されています。

(3) 目的明確化の原則　収集データの適切な管理には、何の目的で集めるのかが明確でないと、限りなくあいまいになり、プライバシー保護はおざなりになります。そこでこの原則を設け、収集前に目的を明確にする必要があります。また、目的を達成したとき、データは廃棄しなければなりませんし、目的を変更した場合、その旨を明確化し、目的から外れたデータは消去する必要があります。

(4) 利用制限の原則　これはアメリカの運用の原則(5)と(6)を合体させたものですが、利用目的を明確にしたため、目的に反したデータの「開示、利用、その他の使用」を禁止しています（収集は(2)で禁止）。しかし、例外として「本人の同意がある場合」と「法律の規定による場合」を加えています。

(5) 安全保護の原則　これは運用の原則(7)を整理したもので、内容の正確性確保は(2)に譲り、システムのデータ紛失や、システムへの不当なアクセスによるデータ破壊、漏洩《ろうえい》、開示《かいじ》、改ざんなどを防ぐ、物理的な仕組みを備えなければならない、というもの。専用回線の使用や、ドアロック、IDカードやパスワードによるアクセス、ファイアーウォール、暗号化の利用、などがそれに当たります。

(6) 公開の原則　運用の原則(3)に当たる部分で、保管システムの存在やデータ内容ばかりではなく、データの利用目的、データ管理者、データ管理者への簡易な連絡方法を常に明らかにしていなければなりません。そうすることで、次の原則を確実に確保できるようにしようというものです。

(7) 個人参加の原則　これは運用の原則(2)と(3)を合わせたもので、データ管理者などに自己に関するデータを開示（必要なら過度にならない費用で）させ、訂正させる権利を認め、これが拒否された場合、異議申し立てが認められなければなら

「ファイアーウォール」

企業内のコンピュータ・ネットワークなどをインターネットに繋ぐ際、情報の流れをコントロールするソフトと、これを用いた管理方式をこう呼びます。外部アクセスを制限したり、内部情報の発信を規制して、コンピュータに蓄積されている企業情報を防衛するもので、それぞれのコンピュータにガード・ソフトを組み込むもの、マザーコンピュータ等（サーバーやルーター）の経由地にソフトを組み込むものなどがあります。普通、情報管理者を置き、彼がアクセス制御と監視を行なうことになります。

ない、というものです。

(8)責任の原則　運用の原則(8)に当たるもので、「データ管理者は、(1)―(7)の諸原則を実施するための措置に従う責任を有する」とあって、責任の内容には自主的に規定された責任、法的制裁などが含まれています。

一口で言えば、アメリカ・プライバシー法の運用原則よりもずっと整理され、踏み込んだ内容になっていると言えます。

CE条約の特長

整理の仕方は違いますが、CE＝欧州議会（ヨーロッパ評議会）の個人データ保護条約にもOECDの八原則がほとんどそっくり含まれています。その上で、OECD八原則にはない大きな特徴をもっています。そのひとつが収集の対象とすべきではない「センシティブ情報（条約ではspecial categories of data）」が明確に定められていることです。

「人種、政治的意見又は宗教、その他の信条を明らかにする個人データおよび健康又は性生活に関する個人データは、国内法により適当な保護措置がとられていない限り、自動処理することはできない。罪科に関する個人データについても同様とする」と定めているのです。

そしてもうひとつ、CEの条約を国際標準にすることを狙って、CE加盟国以外の国の参加を認め、参加を要請する手続を定めているのです。そして、ＣＥと同等の保護措置がとられていない国に対して、ＣＥ条約加盟国の個人データを転送することを制限し、加盟国以外の国に国内法の整備を迫っているのです。

先進国の中で、個人データの保護措置が何もないイギリスと日本が、その整備を迫られることになったのです。

Q7 国連（OECDを除く）はどんな態度を採っているのですか？

個人情報保護の国際潮流の中で、国連が果たしている役割、そのなかで日本政府が果たしている役割や、採っている姿勢はどのようなものなのですか。

八〇年代の展開

ＯＥＣＤの勧告採択に棄権したものの、ＣＥ条約によって大陸からも攻めたてられたイギリスはやむなく一九八一年から保護法の導入を検討。試案段階にはあったセンシティブ情報の規定を削除《さくじょ》するなど、大幅に後退したものとはなりましたが、ともかく一九八四年に「データ保護法」の成立にこぎつけます。

ＯＥＣＤの勧告に賛成しながら、国内法の整備をするつもりのさらさらなかった日本は、八一年にグリーン・カード制（少額貯蓄等利用者カード）の導入を決定（八四年実施）します。これは総合課税制の前提になる金利の完全把握《はあく》を目指したもので、プライバシーを脅かす恐れの強いシステムです。つまり日本は個人情報保護のないままに危険な制度を導入しようとしていた（この制度の経緯についてはＱ17・一四四ページ参照）ことになります。

しかし、金融機関のカード化が進み、クレジット会社の信用情報が取りざたされ、ダイレクトメールの扱いが急増する中、プライバシーへの不安が大きくなったことを受けて、八一年には新聞各紙が保護法の必要性を訴えるようになります。また、同年一月から翌八二年七月まで、行政管理庁でプライバシー保護研究会が開かれ、欧米の新しい論議なども踏まえた五原則をまとめます。が、これは行政管理庁が総務庁に吸収され、日の目を見ることができませんでした（この経緯についても後述Q11・八八ページ参照）。そして、八八年にようやく成立した「個人情報保護法」はOECDの原則を大幅に下回る、形ばかりのものになってしまいます。

ところがこの間、世界のプライバシー保護の流れはいっそう強力なものとなり、日本は世界からさらに水をあけられてしまいます。八五年にはCE（欧州議会）が、ダイレクト・セールス用の個人情報保護勧告を出しますし、八六年にはアメリカがプライバシー法を改正。電子通信に対する盗聴禁止を明確に打ち出し（対外《たいがい》諜報《ちょうほう》活動《かつどう》は除外）、罰則の強化などを盛り込みます。

そしてついに、一九八九年には国連総会が個人データ規制のためのガイドラインを採択することになりました。

国連総会決議

国連でのデータ保護の取り組みは八〇年代の後半から始まり、八八年には国連人権委員会による「コンピュータ化された個人情報ファイルの規制のためのガイドライン」

第一次案がまとまります。これをもとに各国が意見を出し合い、一九八九年一二月一五日、国連総会で採択されます。また、採択時の約束で、いっそうの文書整理が行なわれ、一九九〇年には「改訂版」として人権委員会に再提出され、再び総会で決議されています。

この国連ガイドラインは、まず前文で、「ガイドラインは国内法制定の最低基準である」とし、「実施の手続きは各国に任せる」としています。つまり、それに続く一〇の原則は最低基準なのです。一〇の原則とは次のとおりです（訳は八幡昭彦）。

(1) 合法性と公正性の原則　個人データの収集処理に不正、不法があってはならず、国連憲章の目的と原則に反する目的に利用されてはならない。

(2) 正確性の原則　管理責任者は情報の正確性を定期的にチェックし、利用する際には最新のデータとなるよう、更新する義務を持つ。

(3) 目的特定の原則　目的は公開され、目的に反した個人データの保管、利用を禁止し、特定された目的を達成したときは速やかに消去する。

(4) 個人（利害関係者）参加の原則　証明された本人であればだれでも、自己の記録を確認し、不適切なデータは訂正や削除を求めることができる。

(5) 非差別の原則　センシティブ情報といわれる事項を定めた条項で、「（原則(6)で掲げる例外はあるものの）人種又は民族的出身、皮膚の色、性生活、政治的意見、宗教的・思想的またはその他の信条、労働組合や結社の会員であることに関する情報を含め、不法なあるいは恣意的《しいてき》な差別を生む恐れのある情報は、蓄積されてはならない」。

(6) 例外措置の権限　他者の権利と自由、迫害者の保護（人道条項）のほか、国の安全、公的秩序、公衆衛生、道徳保護の必要から、法律で例外の限界を定めた上でなら(1)―(4)の原則に例外を置くことができる。(5)の例外は、国際人権章典、人権保護・差別防止の関係国際法規に照らして、問題のない範囲であれば(1)―(4)同様の条件で、認められる。

(7) 安全の原則　自然災害や不正アクセス、破壊、改ざんなどから、データを守らなければならない。

(8) 監督と罰則　データ管理機関から独立した公平な監督機関を指定し、国内法に違反した場合には刑事罰、その他の処罰を科し、被害者の救済をしなければならない。

(9) 国境を越える情報流通　国際的なデータ移転は同程度の保護措置を持つ国家間でのみ許される。同程度の保護措置がない場合も、データ移転は許されるが、プライバシーが保護される範囲内に限られる。

(10) 適用の範囲　ガイドラインは公的、私的にかかわらず、すべてのコンピュータ・データに適用されなければならない。これを個人情報を含むマニュアル・データにも拡張することが望ましい。

このガイドラインの特長はいうまでもなく⑸のセンシティブ情報を特定したことです。しかもこの原則は非常に厳格なもので、⑹の例外措置がほとんど認められない構造になっています。おそらく、差別をなくす活動をしているNGOが必要なデータを保持する場合などに限られるものと思われます。

また、⑽の原文は非常にデリケートな言い回しながら、データの移転の不当な制限を許さない、というアメリカ型のスタンスよりも、安全が保障されないデータの移転を許さない、というヨーロッパ型の主張に力点がおかれています。

舞台裏の日本

国連決議の第一次案が出されたとき、日本政府はこれに激しく反発しました。その中心は⑸のセンシティブ条項で、「センシティブなカテゴリーに属する情報は国と個人によって異なる」から、すべての国に一律に適用するべきではない。「各国の伝統と公的行政サービスの必要その他の状況に従って、各国により決定すべきである」と主張したのです。

しかし、日本のこの主張は「センシティブな情報が各国によって違うからこそ、最低の基準を取り決める必要があるのだ」として、人権委員会から一蹴《いっしゅう》されました。同様に、「ガイドラインは国家にいかなる法的義務を課すものではない」という主張や、「法令にもとづく公的サービスを除外してくれ」とか「犯罪捜査に必要な情報は除外

「NGO（非政府組織）」

non governmental organizationの略。さまざまな国際活動をする市民団体をこう呼びますが、発展途上国への経済援助活動を行なっている民間団体については、国連でも政府とともに重要な構成団体と考えられているため、これらの国連承認団体を指す場合もあります。経済援助活動だからといって、差別問題と無縁ではなく、その解消のために活動しています。

してくれ」という主張も、国連決議の趣旨《しゅし》に反するものとして無視されます。

ただ、個人参加の原則から「外国籍の非居住者を除外してくれ」という要求は受け入れられ、「この原則は、国籍、居住地にかかわりなく、すべての個人の適用される」という但し書きが、「適用されることが望ましい」と修正されました。また、違反者に対する罰則も「刑事罰」から「刑事罰、その他の処罰」に修正されました。

結局、日本はOECDの勧告採択同様、国連決議に対しても「ガイドラインに法的拘束力はない」と勝手な解釈を加え、決議には賛成しました。面従腹背《めんじゅうふくはい》、腹の中では面白くないと考えていたのです。だから、国連でこうした決議がされたことを一切秘密にし、決議の公式日本訳もつくっていません。決議に沿った国内法を整備するつもりもないのです。

EUデータ保護指令

それまでCE条約によっていたEU（欧州連合）の個人情報保護策が、一九九五年「個人データ処理にかかわる個人の保護及び当該データの自由な移動に関する欧州議会及び理事会の指令（EU指令）」にバトンタッチされました。これは九〇年に提案され、九五年に採択されたもので、EU構成国に三年以内の法制化、法改正を義務づけるものです。

この指令の骨格はCE条約のものですが、OECD勧告も国連決議も「望ましい」

「ガイドラインの翻訳」

外務省はガイドラインの日本語訳を出していません。国際条約隠しです。日本は安保理入りを目指していながら、常任五カ国向けの公式訳に日本語を加える、という国連の申し入れを拒否しています。隠したり、ねじ曲げたりできなくなるからです。

という精神の表明にとどまっていたマニュアル・データ（手作業で作成された資料）への適用に関して、検索可能なファイリング・データについてはコンピュータ・データと同様に扱うなど、国連決議のレベルを超えた保護内容になっています。とりわけ重要なのは第二五条で、ここには明確に「EU指令と同等の保護措置のない第三国に個人データの移転を行なってはならない」ことが定められており、非構成国に同等の立法化を迫っています。

CE条約にも同様の提起があったのですが、それでもいっこうに保護のための法整備をしようとしない日本とアメリカをターゲットにした条項です。

アメリカは当初、EUのプライバシー保護に関する国際的なリーダーシップに対して「自由な経済活動を阻害する」と反発。ふたたびOECDを動かして、九八年、「プライバシー保護に関する宣言」をまとめます。宣言は「個人情報の保護手段については、加盟各国の異なる方法を認めあう」こと、「異なる保護手段の間で橋渡し作業をすることが必要である」と言っています。

簡単に言えば、アメリカはアメリカのやり方でやる、ということです。「これなら、日本も日本のやり方ですむ」、日本はアメリカの陰に隠れ、たかをくくっているところがありました。ところが、一九九九年三月一五日、アメリカはEU指令のクリアを念頭に置いた、企業団体に対する「国際プライバシー安全基準」を制定します。つまり、EUとアメリカの長年の抗争は、EUの勝利で決着したのです。

ＥＵ欧州委員会は二〇〇〇年の一一月、アメリカの新法を評価し、ＥＵ域内のアメリカ企業がＥＵ市民の個人データをアメリカに転送することを許可しました。こうして日本は国際的に孤立することになったのです。

プロブレムQ&A

II

日本の運動と現状

Q8 日本にもなにか歴史を開く先駆的な運動があったのですか?

プライバシーが基本的人権であるなら、権利と認められる前から先駆的な運動があったのではないかと思います。日本の場合、どんな運動があったのでしょうか。

部落解放と戸籍

江戸時代の日本は封建社会で、人権が大きく制限される社会でした。封建社会とは「封土《ほうど》の授受を通じて主君と家臣の間に結ばれた主従の身分関係を基盤とした政治社会」のことです。この関係は領主と領民、地主と小作にも反映され、身分社会を構成していました。しかし、身分の形成は富の安定分配の結果であり、目的であったわけではありません。

封建制の特長は社会の安定継承《あんていけいしょう》(富の分配固定)にありました。つまり人々は土地に縛られ、仕事に縛られて、生産を継承し続け、経済社会を支えなければならなかったのです。あえていえば成長はこのバランスを崩してしまう混乱要因で、封建社会が予定していることではなかったのです。

しかし、商品経済の発達がこのバランスを崩し、封建制を食い破ります。これが近代市民社会の成立です。市民社会は、人を自由な産業の担《にな》い手として、土地から解放し、家業から解き放ちました。成長こそが社会の目標になり、国を富ませて力を持つことが、国民国家存続の鍵となってきたのです。

そのため、明治政府は一八七一年、あいついで解放令を出すことになります。断髪・脱刀の自由、平民服装の自由、通婚の自由、穢多《えた》・非人の廃止、田畑勝手作《たはたかってさく》の許可、武士の農工商従事許可などがそれで、これに伴い、職業選択の自由、旅行の自由、移住の自由なども確立していきます。

ヨーロッパではこの段階で、教会簿で管理してきた住民の記録を、国家としては放棄します。人々は自由に移動し、その土地の市民との信頼関係を樹立して市民権を手に入れます。それをどう記録するかは所属する地域の問題であり、地方の問題だからです。このことは産業団体と国との関係（企業や組合の成員を、国はいちいちチェックしていない）を想定すれば、理解できると思います。

ところが明治政府は幕府の人別帳《にんべつちょう》を放棄しなかったばかりではなく、より巧妙な戸籍制度を作りあげて、人々を管理しました。明治政府は市民と敵対する強権的な国家を作ろうとしたため、市民に自由を与えることを恐れたのです。人々は土地から解放されながら、戸籍に縛られたのです。

戸籍は人びとを自由な市民とみなすのではなく、祖先から連綿《れんめん》と続く「家」の一員として扱います。その結果、どの家の出身者か、ということが人を評価する重要な基準になってしまいます。この評価基準は明治が天皇制を採用し、華族制度《かぞくせいど》を導入したことで強化されました。

被差別部落の出身者は一八七一年の解放令とともに解放されたはずでした。ところが土地緊縛《きんばく》制度から戸籍緊縛制度への移行で、部落は新たな差別下に置かれてしまいます。それがどの家の出身かで人を区分する「門地差別《もんちさべつ》」「係累差別《けいるいさべつ》」です。

一八七一年四月に公布された壬申戸籍《じんしんこせき》は、被差別部落を除外することになっていました。八月の解放令（穢多・非人の廃止）で、これは断念されますが、七二年二月に実施された戸籍は、被差別部落の出身者を内部記載上で区別します。それが父親の氏名に冠される「元穢多」などの出身身分でした。

この壬申戸籍にはほかに、犯歴や兵歴、疾病歴《しっぺいれき》、牛馬の所有までが記載された、プライバシーとはほど遠い、「何でもあり」の政府の便利帳にほかなりませんでした。したがってそこには多くの差別記載があります。とりわけ、「家」の出身者ではないため、外国籍者が排除されていること、この一点だけを考えても、存続が許されない制度だといわなければなりません。

人権上の問題から、制定当初からあった疑問の声や抵抗運動は次第に影をひそめ、軍や警察、教育などの力を背景に戸籍の権威が確立していきます。出生《しゅっしょう》の秘密を含め、個人の家族親族情報というプライバシーの中でも最も核心的な情報が、常に公開されている状態、これに馴《な》らされてしまった人びとがプライバシー意識を持つのは困難です。

「壬申戸籍」
　明治五年の壬申の年に施行された戸籍法のことで、日本の近代戸籍の始まりとされているもの。しかし、江戸時代の人別帳の痕を色濃く留め、現在の戸籍とは異なるところも多い。部落を差別する記載があって、一九七〇年、永久封印された。

しかし、それによって差別を受けるものが、駆らされてしまうことはありません。一八八六（明治一九）年からは戸籍に族称欄《ぞくしょうらん》が設けられ、「華族」「士族」「卒族《そつぞく》（これは一年で廃止）」「平民」身分の記載が始まります。が、ここに「新平民」や「土人（アイヌや北方少数民族が対象、後に南方信託統治出身者が加わる）」と記載する役所が現われ、一九二四年に禁止されてからも記載を放置していたため、一九二〇年代の末、水平社の抗議により福岡県が全面改正に着手しています。また一九三八年に族称欄が廃止されてからも、除籍簿《じょせきぼ》（除かれた古い戸籍で、これも公開されていた）の中の記載は長らく放置されてきました。

身元調査

人のプライバシーを脅かすものに身元調査があります。日本最初の信用調査機関は一八九二（明治二五）年、大阪で開業した商業興信所、一九〇〇年には東京で帝国興信所（現帝国データバンク）が設立されています。個人の身元調査を専門とする人事興信所が登場したのは一九〇二年のこと。以後、探偵社の乱立時代が続きますが、アメリカの私立探偵のような資格もなかったため、調査結果に信用の乏しいものや、差別に配慮のないものが多く、規制が求められました。

初の規制は一九一〇年の大阪府の信用告知業取締規則（府令第二六号）で、各府県に波及します。そんな中一九三一（昭和六）年に起こったのが帝国興信所差別発言事

卒族
足軽以下の下級武士に与えられた身分呼称。

壬申戸籍封印解除の要求
「壬申戸籍には族称欄がないので、『新平民』などという差別はないはず。研究用に封印を解除しろ」という声がありす。その通り、「新平民」という差別称はありませんでした。が、父の身分を記載し、「元穢多〇〇の次男××」という具合で差別をしていたのです。差別はなかったなど、言いがかりにすぎず、封印解除には反対です。同様の差別記載は今もありますが、これにクレームをつけている人はだれもいません。元皇族の父母欄には「父〇〇王、母××王女」などと書かれています。

件です。同社の姫路支所員が「水平社であればそのまま調査回答する」と発言して、水平社の追及を受け、同社が「身元調査を業務としない」と確約（後、反故《ほご》にされた）したもの。最大手の興信所の差別事件として注目されました。

一九三三年、高松地方裁判所は結婚を約して同棲《どうせい》した香川県の青年を、女性の父親が誘拐罪《ゆうかいざい》で告訴した裁判で「特殊部落民でありながら自己の身分をことさらに秘し」たことを理由に懲役一年の判決を下します。「身元をさらすべきである」とするこの判決は、裁判所がプライバシーを否定し、差別に加担したことを意味します。水平社はこれに抗議し、大闘争を展開。判決の取り消しと地裁関係者の処分を勝ち取ります。これが高松差別裁判事件と呼ばれるものです。

敗戦により戦前の規制が廃止されると、ふたたび興信所や探偵社の乱立時代が訪れます。個人の身元調査の中心は結婚と就職で、調査対象の家柄や素行《そこう》、犯歴や思想など、差別につながる項目が少なくありません。その一番の被害者は戦後も被差別部落の出身者でした。住民票から本籍地をあたり、古い戸籍を辿《たど》って族称の記載を見つけたり、本人の出生地や本籍地の地番から判定して、依頼主に報告する、というものです。

一九六九（昭和四四）年、滋賀県の呉服商が娘の結婚相手の調査を商業興信所京都支社に依頼。同徳島支社が男性の本籍地である香川県の除籍謄本を取り寄せるなどして、出身地を差別的に報告したため、縁談が破れるという事件が発生しました。商業興信所差別事件です。部落解放同盟は相次ぐ結婚差別事件のひとつとして糾弾闘争《きゅうだんとうそう》を展開。「身元調査お断り運動」などが組織されます。

戸籍公開制限

一九六七年、一人の女性が「朝日新聞」の声欄に投書。民主社会で部落差別のある壬申戸籍をいまだに公開しているのはおかしいではないか、という趣旨のものでした。当時、結婚差別が深刻となり、部落出身であることを理由とする破談、破談を苦にした自殺などが相次いでいたからです。戦後民主主義の理想が色あせ、経済的余裕が出た日本では、親掛かりの結婚と、親による相手方の身元調査が増えた結果です。

投書をうけ、部落解放同盟は壬申戸籍廃棄《はいき》運動を開始。折から高まり始めたプライバシー保護の声と結ばれて、一九七〇年四月、壬申戸籍簿の永久封印を勝ち取ることになります。また、七二年には出生地・死亡地を自治体名限りとし、町名番地が省略されます。七五年には除籍簿《じょせきぼ》として残されている古い戸籍の中にある差別につながる情報の多くが塗抹《とまつ》（ホワイトで塗りつぶした）処理されました。

そしてついに、一九七六年一二月、それまで至上とされてきた戸籍公開原則に制限が加えられ、本人のほか弁護士など、限られた者以外は戸籍を見ることができなくなります。しかし、公開禁止ではないため、本人に戸籍を取らせたり、弁護士を騙《かた》って戸籍を調べる差別事件は後を絶ちません。

「ホワイト・セメントの剥離」
この塗抹処理では、当時主流だった湿式コピー（青焼きのもの）では黒く写った。そのため、かえって「怪しい」とされ、差別の対象となったこともある。現在これが老朽化し、剥がれてしまう事故が多発している。

戸籍公開制限に対抗するように登場したのが『部落地名総鑑』です。住所によって部落を差別しようとして作られたリストです。この発行元や購入先の多くが興信所や探偵社でした。八二年、行政管理庁の諮問機関《しもんきかん》プライバシー保護研究会が興信所探偵社の規制を答申。これを受ける形で、八五年、大阪府が「部落差別事象にかかわる調査等に関する条例」を制定（他の自治体に波及しているが、政府の取り組みはまだない）。営業停止、懲役罰金を含む厳しい規制を設けています。

Q9 どう利用してるのかわからない政府調査は不気味なのですが

国勢調査もそうなんですが、政府がやる調査って、どこかうさん臭い。なぜそこまで訊くの、と首を傾げてしまいます。協力する必要はあるんでしょうか。

障害者調査

一九六〇年代急速に進んだ官公庁、自治体のコンピュータ導入はプライバシーの危機が迫っていることへの不安を呼び起こします。一九七〇年の国勢調査に際して、『朝日新聞』は初めて「プライバシーは侵されないか」という、大規模調査への疑問を投げかけます。しかし、記事ではプライバシーを脅かすのは調査員や近所の目で、情報を収集する政府ではありませんでした。だから結論は「注意して集めろ」ということになります。

これに対して、データを収集する政府そのものに疑問を投げかけたのは、障害者の差別と戦う運動体でした。障害者は戦前、排除の対象でしたし、戦争中も排除のために調査され続けていました。また、六〇年代の末に精神障害者を保安処分（危険とみなされれば、予防拘禁されてしまうもの）の対象とする刑法改正案が浮上。政府による自由権の侵害という脅威は、障害者に、政府によるデータ収集そのものを疑わせるのに十分でした。

一九七三年に行なわれる予定だった一〇年毎の定期大規模調査である「精神衛生実態調査」に対して、障害者はプライバシーを侵害するものとして激しく抵抗。ついに調査を中止に追い込みます。この調査は患者本人には知らせず、医者からデータを集める、というもので、本人の拒否権もなければ、医者と患者の信頼の核である「患者の秘密を守る医師の義務」をも踏みにじるものです。それまで医師の反対もなく行なわれてきたことのほうが不思議な代物でした。

その後も、これに代わる障害者調査が計画され、許しがたい質問項目なども指摘されて、中止に追い込まれています。厚生省の人権感覚の低さが、次々と明るみに出されたのです。

婚外子差別

この国の基本になる法律で、堂々と差別されているのが婚外子《こんがいし》（非嫡出子《ひちゃくしゅつし》）です。民法九〇〇条四項が「非嫡出子の相続分は嫡出子の二分の一」と規定しているのです。「この違いがあるため」と称して、戸籍は婚外子の「父母との続柄」を「長男、次男（現在では二男）、三男……」という序列から排除。「男」「女」とのみ記載して差別しています。住民票も戸籍の差別を受け、「世帯主との続柄」を「長男、二男、三男……」という序列から排除して、ただ「子」とだけ記載（現在ではすべて子に統一）して

いました。

一九七五年、この戸籍表記は差別だとする意見書が東京の渋谷区役所に提出され、続いて、住民票の表記を差別だとして取り消しを求める行政訴訟が起こされました。婚外子差別を告発する、日本で最初の取り組みです。以後、各地に婚外子差別と戦う運動が生まれ、一九八〇年には住民票の続柄差別を憲法違反とする裁判が提訴されます。

また婚外子自身による民法の相続規定を憲法違反だとする裁判が次々に提起され、政府・法務省の姿勢が問われます。一九九五年七月、最高裁は差別を「合憲」として、政府を応援しますが、一五人中五人は違憲論でした。九三年一一月、国連規約人権委員会は日本政府の姿勢を人権条約違反とし、「民法、戸籍制度、住民基本台帳制度」の扱いを早急に改善するよう勧告します。政府はここでも、「人権委員会の勧告には法的拘束力がない」として、勧告を無視します。しかし、この間に健康保険証の続柄欄から差別が消え、八五年には、住民票の閲覧者には「本籍、続柄を省略したリスト」を利用するよう、通達を改正。部落差別と婚外子差別の要因を、わずかながら、減らすことになります。

そして一九八六年には住民基本台帳法（Q13・一〇六ページ参照）の改正によって、住民票の公開も制限され、住民票の写しも、本籍・続柄の省略が可能になりました。戸籍に次ぐ、住民票の転換。この裏には、地方自治体の人権意識の高まりがあったこ

「住民票続柄差別訴訟」

この訴訟は一審敗訴（一九九一年）後、国連勧告などが出たため、高裁判決が注目されましたが、判決直前に自治省による差別廃止の改正通達が出て、判決が延期され、九五年の四月「訴えの利益がない」として棄却されました。九九年一月には最高裁でも同様の判決となったため、提訴を住民票から戸籍に移し（同年一一月）、戸籍の差別記載をめぐって争われています。

とも見逃せません。

　国連の勧告は九八年にも繰り返され、日本政府は「国民の合意が得られない」と弁解します。国連人権委員会は「国民を説得するのも人権条約を批准した日本政府のつとめ」として、この弁解を認めませんでした。

　一九九四年、法務省の法制審議会が民法改正案をまとめ、選択的夫婦別姓制の導入のほか、九〇〇条四項を改正し、婚外子に対する相続分の差別を廃止することを決めました。しかし、この法改正は右派宗教団体を後ろ盾にした議員の反対で、今も日の目を見ておりません。

公開制限の裏に

自治体職員はプライバシー意識が皆無《かいむ》ではありません。「犯歴簿《はんれきぼ》」を含め、行政の内部には高度に保護しなければならない個人情報が少なくなく、職務上知りえた情報を漏《も》らしてはならないという守秘義務《しゅひぎむ》も課せられています。

　でも、これはあくまでもオールド・プライバシーに属するもので、秘密を抱えた住民を保護してやる、という意識に裏打ちされています。住民のものである情報を、職務上、利用させていただいている、という意識はゼロであったといっていいのです。ましてそこに、差別情報が含まれ、行政自身が差別者であるなど、想像もできないことだったのです。それを認めることはまたこの国の役人の間にはびこっている「行政

「村上正邦の失脚」

　二〇〇一年三月、自民党参議院議員会長だった村上正邦がＫＳＤ（中小企業経営者福祉事業団）の幹部から巨額の賄賂を受け取っていたとして議員辞職しました。民法改正に反対する旗手として、神社本庁系の議員に担がれ、尊師として仰がれていた男の失脚で、改正賛成派を活気づかせています。

無用な「婚外子」というカテゴリー
　婚外子差別は結婚制度という社会的制度に伴って作られた人為的な差別で、現

の無謬性《むびゅうせい》」の神話を否定することであり、あってはならないことだったともいえます。

戸籍・住民票の差別情報にしても、情報が差別するのではなく、情報の利用者が差別するんだ、とし、「情報の悪用」だけが問題にされたのです。しかし、部落の差別情報をより良く「活用」するなど、考えられることでしょうか。差別以外の利用法があるのでしょうか。婚外子の差別情報だって同じです。仮に、戸籍・住民票のレッテルを活用した保護策（手当て支給など）を策定したとすれば、それは同じような境遇にあるものを切り捨てる差別政策です。それに、婚外子のレッテルは成人になっても貼られているものです。差別以外の利用目的があろうはずはありません。

「差別情報は人をも殺す」

この重い現実を前にして、部落解放同盟は「行政闘争」をもって臨みました。「責任は情報を悪用する側にだけでなく、無用な差別情報を公開している行政にもある」という論理です。これは画期的《かっきてき》な視点の転換であり、日本を世界の人権感覚に近づける大きな一歩となりました。そして「無用な情報を集めない、利用（公開）しない」という国際的なガイドラインと同質のこの主張は、良心的な自治体職員の心を揺さぶるものでもありました。

戸籍の公開制限には、公開原則に反して人権を選んだ和歌山県白浜町の行動がありました。白浜町を支持する多くの自治体職員の声がありました。住民票の公開制限の裏には、公開原則に反して、公開を拒否した京都府八幡市の行動がありました。八幡

実の境遇とはなんの関係もありません。必要なのは差別の廃止であって、「かわいそうな」境遇に対する援助ではありません。父がいない、といった生き難さに対する援助なら、父がいないという境遇の子すべてを援助しなければならず、婚外子に限って行なう何らかの施策はすべてが婚外子差別か、優遇という名の逆差別です。

行政闘争に呼応した人権行政

差別事件に対して、審判員の立場に立とうとする行政に対して、行政こそ差別者だ、として一九七〇年代に始まった政策の改善を求める運動を「行政闘争」と呼んでいます。運動の指摘を受け、人権の観点から自治体の仕事を見直そうとする動きが始まり、その大きな成果が白浜町、八幡市の行動です。白浜町は戸籍の公開が制限されるよりも前に興信所による戸籍申請を拒否。八幡市は住民票の公開制限に先立って興信所の住民票請求を拒否して、法改正を導きました。詳しくは拙著『戸籍がつくる差別』『戸籍裏がえ史考』をご覧ください。

市に続こうとする多くの自治体の声がありました。国が公開原則を改めたのはこうした流れが全国に広がるのを恐れて、のことです。プライバシーに目覚めたからではありません。

自治体はその後、各地で個人情報保護条例を制定していきます。これに対して、政府の保護法制定の動きはあまりにも遅く、またお粗末なものだったのです。

国勢調査

一九七〇年に国民総背番号制の導入が机上に上ったのを受けて、これに反対する運動体が七三年に登場します。自治労、全電通、電気労連が核になって作った「国民総背番号制に反対しプライバシーを守る中央会議」がそれです。また七五年の国勢調査に反対するグループが東京と大阪に生まれ、無制限な国のデータ収集に待ったをかけるための活動が始まります。

国勢調査は近所や調査員に覗かれる、という心配ばかりではなく、政府に大量の情報が集められ、管理される危険性に問題の重心が移り、調査そのものを拒否する人が現われます。調査期間中に発効された『週刊ポスト』は「徴兵制、国家総動員令にも転用可能な『国勢調査』の裏」と題するトピックを掲載。行政管理庁の係官が「今回の調査データで〝有事体制〟を組むことが可能だと思います。日本の統計は世界的にも精度が高いので、正確な動員計画が作れるでしょう」とまで語っています。

こうした国勢調査に対する警戒の声が強まるのを恐れた総務庁は、一九八〇年の調査時には密封用封筒を用意。希望者に配布しましたが、全戸配布の要求を拒否。八五年調査では封筒をやめ、説明書でくるむ方式とし、その説明を避ける手を使うようになります。しかし、最終的には調査員が記入する、という調査員調査方式はプライバシーに反するもので、調査員が批判の矢面に立ちやすいものです。九五年には殺された調査員も出ました。そのため調査員のなり手がなくなるなど、九〇年調査以降、調査環境は急速に悪化しています。

一九六八年に「国民データセンター」建設を廃止させ、人口調査を全数調査から抜き取り方式に改めた（郵送提出も可）アメリカの運動、七〇年に三〇％もの拒否者を出し、人口調査を集計中止に追い込んだオランダの運動、八三年に連邦裁判所の人口調査中止の仮処分を勝ち取ったドイツの運動などが日本にも確実に影響を与えました。

「罰金で強制するのは表現の自由を脅かす」「家庭に関する質問や八ケタのコード番号は法の規定にない」「憲法違反の国民総背番号制につながる恐れがある」という反対の意見に対して、「匿名《とくめい》の調査だとしても、人間を強制的に登録して、人格を商品の在庫管理同様に扱うことは、人間の尊厳とは相容れない」と応えたドイツ連邦裁判所。日本の国勢調査に対する闘いはこれからも続くはずです。

調査員調査という驚くべき調査

国勢調査において、あなたは調査の主体者ではなく単なる協力者にすぎません。あなたが記入するのは自由ですが、記入責任者は調査員なのです。だから空欄を調査員が勝手に埋めてもなんら違法ではありません。「近所から聞き出して埋めろ」という指示を出しているところもあります。個人情報を集めるのに、こんな異様な制度にしているのは、「本人は嘘をつく」からです。だから「嘘をつけないよう」日常を知る調査員を立てるのが望ましい。そういう考えから成り立っている制度なのです。

「ドイツの人口調査」

人口調査中止を求めて闘ったドイツ緑の党のメンバーによると、この運動が盛り上がった大きな要因の一つにJ・オーウェルの『一九八四年』があったといいます。その直前に強行されようとした人口調査に、この小説を重ね合わせて考える人が多かったのです。

Q10 指紋もプライバシーの一つ。廃止されてよかったと思うのですが

外国人だけ指紋を採るのは差別だ、という主張がありました。でも、指紋はプライバシーの一つ。日本人から採るのも不当なので、廃止されてよかったと思います。

指紋というプライバシー

「それ自体では個人の私生活や人格、思想、信条、良心等個人の内心に関する情報となるものではないが、性質上万人不同性《ばんにんふどうせい》、終生不変性《しゅうせいふへんせい》を持つので、採取された指紋の利用法次第では個人の私生活あるいはプライバシーが侵害される危険性」があり、「憲法一三条は、国民の私生活上の自由が国家権力の行使に対して保護されるべきことを想定」しており、「個人の私生活上の自由のひとつとして、何人もみだりに指紋の押捺《おうなつ》を強制されない自由」を有する――

これは一九九五年一二月一五日、指紋押捺拒否事件《しもんおうなつきょひじけん》に関連して最高裁判所が下した判決の一部です。一九八〇年以来、外国人登録法の中で義務づけられていた指紋の押捺を、外国人を差別するものだとして拒否した多くの在日外国人の闘いは、ついにこうした判決を勝ち取るに至ったのです。

指紋そのものはプライバシーとは認められない、としていますが、外国人登録法に

おける指紋押捺制度は同一人性の確認を越え、警察が利用する可能性が否定できない以上、国家権力に私生活を侵される可能性を持つものだ、ということが言えます。

この運動は反差別を掲げるものでしたが、同時に反管理をすすめるものでもあったのです。したがって、その成果は深く日本人にも反映します。この判決のおかげで、今後、政府は日本人から指紋を採ることもできなくなった、といえるでしょう。

この国は戦後しばらくの間、「国民指紋法」の導入をくわだて、これが元皇族の反対にあって頓挫《とんざ》した後も、警察への指紋登録に学校ぐるみで協力させるなど、日本人に対する指紋採取を本気で考えてきました。一九七〇年に愛知県民指紋が市民運動によって廃止されるまで、指紋を人権の問題として捉《とら》えることはほとんどありませんでした。

もし、一九八〇年代に在日外国人の運動がなかったら、日本人にも指紋登録が義務づけられることになったのではないか。そう考えるわたしは、このとき体を張って闘った在日の人たちに深く感謝しています。

一九九三年一月、定住外国人からの指紋採取が廃止されました。そして二〇〇〇年四月から、指紋制度が廃止され、一時滞在者を含め、収監者《しゅうかんしゃ》を除くすべての日本居住者から指紋登録がなくなったのです。運動の力で、政府の姿勢を正すことができる。このことを証明できたこと、これもまたこの国の人権の歴史に大事な一ページを記すものであったと思います。

父からも採るのであればお受けします

「国民指紋法」導入のつゆ払いとして、現在の天皇の姉にあたる元皇族・池田厚子の押捺シーンを撮影して、キャンペーンを張ろうとした政府に対して厚子さんは「父からも採るのであればお受けします」と答えたそうです。父とは昭和天皇ですから政府役人は「めっそうもない」といって、逃げ帰った、という話です。

外登法の登場

指紋拒否の闘いはまた、外国人のみに適用されている外国人登録法全体との闘いでした。外登法の抜本改正を目指す闘いの中には、指紋全廃のほか、常時携帯制《じょうじけいたいせい》の廃止、重罰規定《じゅうばつきてい》の廃止などが含まれていたのです。また、そもそも、在日韓国・朝鮮人が一時滞在者である外国人と同様に扱われるのはおかしい、という声も強かったのです。

外国人登録はいうまでもなく、戸籍や住民基本台帳同様、個人情報です。したがって、プライバシーを保護すべき重要な公文書に当たります。プライバシーを脅かすデータ収集やシステム運用が許されるのは「やむにやまれざる政府利益がある場合（学説）」に限られます。

政府はこれを、日本人のように「戸籍がない」から、と説明し、戸籍に変わる同一人性の確認手段として「指紋」を必要とする、と説明してきました。これをもって「やむにやまれざる政府利益」だとしてきたのです。これを換言すれば「日本人には戸籍があり、戸籍が日本人の同一人性を確認している」ということになります。

実際、この主張はそのとおりで、戸籍は限界（これがあるから国民指紋制が画策され、写真つきIDカードの導入がもくろまれている）を持ちながらも、一定の同一人性の確認を可能にします。「家」単位の登録と、公開原則によって、親族同士が相互に監視しあい、チェックするからです。

外国人登録法の抜本改正

外国人登録は在日外国人の生活に大きな負担を課しています。したがって、在日の運動は指紋の廃止ばかりではなく、外国人登録法全般に及んでいました。登録証の常時携帯・提示義務は警察官の在日いじめに使われ、携帯を忘れれば重罰が待っていました。登録の更新も大変です。そこで常時携帯制度の廃止、更新（切り替え）制の廃止、罰則の住民登録なみ軽減が求められたのです。運動の結果、重罰の軽減、更新期間の延長などが勝ち取られていますが、常時携帯・提示義務は無修正のまま残されています。

戸籍がこうした機能を持っているため、国内に親族を持たない外国人に適用することはできません。戸籍はまずもって日本人だけの登録簿なのです。そして、住民基本台帳が同一人性の確認を戸籍に頼り、戸籍制度とリンクしたために、住民票からも外国人が締め出される結果になっています。外国人登録法はこうした日本人登録体制の確立の結果、登場せざるを得ないものでした。

つまり、日本人管理のあり方に比べ、外登法が「やむにやまれざる政府利益」を保障するものであったとしても、そもそも現行の日本人管理のほうに「やむにやまれざる政府利益」があるのかどうかが問われなければならないのです。「やむにやまれざる」というのは、ほかに方法はないのか、どうしてもそこまでやる必要があるのか、ということを突き詰めるということです。残念ながら、戸籍・住民票に対してこれがなされているとは思えません。

指紋制度の発達

犯罪捜査に指紋を活用したのはイギリスが最初ですが、それを人の支配に活用したのは日本が最初です。日本は台湾・朝鮮を支配したとき、その地の親族制度を利用して、日本式の戸籍支配を導入しました。しかし、中国東北部(満州)を占領したとき、遊牧民を多く抱え、白系ロシア人が混住するこの地に戸籍支配を導入することはできませんでした。

しかも、満州国の建設には多くの中国人・朝鮮人の移民労働者が必要で、親族による相互監視ではない監視システムが必要だと考えます。これが指紋登録の始まりです。満州の指紋登録局にはたくさんの日本の担当警察官が協力に出かけています。

そのとき、日本の支配者たちはこう考えます。「戸籍と、実態を繋ぐ指紋の登録をドッキングさせれば、支配はパーフェクトだ」と。そのときから「いつかは満州に戸籍を、日本に指紋を導入する必要がある」と考えたに違いありません。程なく満州では指紋を押捺した「住民証」の発給が始まります。抵抗を続ける「馬賊《ばぞく》」（匪賊《ひぞく》とも呼んだ）の発見や、移民労働者（多くは強制労働だった）などの逃亡阻止に利用したのです。

身分証の携帯と提示義務はそのような目的をもつ制度なのです。この制度は、日本に連行されてきた朝鮮人にも適用されます。これが「協和会手帳」と呼ばれるものです。協和会手帳は戦後、外国人登録法の下で外国人登録証に化け、現在にいたっています。

先取り背番号

外国人登録法が外国人登録証のシステムを導入し、常時携帯の義務を課したことは、在日外国人を虞犯者《ぐはんしゃ》とみなし、常時監視することを意味します。つまりこれはプライバシーの無視、あらかじめの否定なのです。しかもこれに顔写真を張り、かつては指

「平凡社大百科事典」

「全世界において戸籍法に指紋法を実施するのは満州国をもって嚆矢とす。……形式的戸籍法を実体的戸籍とするのであるから、実に正確なる点においては世界一となることであろう」（一九三二年版）

「虞犯者とは」

犯罪を犯す恐れのあるものを、警察用語で虞犯者といいます。要危険人物としてファイリングされ、今日でも監視を受けることがあるのです。もっとも、人をみれば泥棒と思え、が染みついている日本の警察から見れば、すべての人が虞犯者かもしれません。警察にとって、戸籍も住民登録も外国人登録も、あらゆるファイルが虞犯者名簿なのかもしれないのです。

紋まで押させていたわけです。

外国人登録法に反対する運動が、指紋制度ばかりではなく、常時携帯制度や切り替え制度、重罰規定にも異議を唱えるのは当然のことでした。しかし、指紋の廃止を勝ち取ったものの、常時携帯制度は身じろぎもせず、外国人登録は終生不変の個人番号を振られ、一九八五年にはコンピュータ管理に移行しました。いわば外国人総背番号制の実現なのです。

在日外国人は、国民総背番号制の先取りをされ、コンピュータ支配のテスト材料にされたことになります。また、指紋に替わって登場した家族登録（戸籍情報の登録）では親族情報がコンピュータに載せられ、外国には存在しない婚外子の続柄差別を外国人にも適用。これもコンピュータ情報になっています。

これは「外国人には戸籍情報、日本人には指紋情報」という、この国の支配者の長年の夢の一部が実現しつつあることを意味します。指紋の廃止で夢の完成は困難になりましたが、日本人の形式支配（戸籍）に実体支配を加えることができれば相当に近いものになるでしょう。

それが日本人のカード（写真入ICカード）とコード（国民登録番号）によるコンピュータ支配なのです。近年のコンピュータの目覚しい発達は、かつての支配者が考えもできなかった強力な支配を実現させようとしています。しかし外国人登録を含め、こうした個人情報のコンピュータ処理が、世界が積み上げてきた個人データ保護の流れ

まかり通る個人情報保護法違反
一九八八年に成立したザル法「行政機関の電子計算機処理に関わる個人情報の保護に関する法律」に照らしても、婚内子を「長男・二男……」、婚外子を「子」として差別する記載を、コンピュータ・データとして政府がストックするのは違法なはず。日本人ならまだしも、婚外子を差別していない外国人の場合、この記載区分は意味を持たないからです。ちなみに、日本によく似た法体系を持つ韓国にも婚外子差別はありません。

に逆行する、許されないものであることは言うまでもありません。

情報開示と新登録法

外国人登録はそれ自体、差別を引き起こしかねない個人情報なので、その台帳である登録原票はこれまで、戸籍や住民票とは反対に、公開すべきでない（本人にも）ものとされてきました。ところが、これがコンピュータ化されると、もっとも揺るぎないプライバシー原則のひとつである「個人アクセスの原則」に反することになってしまいます。

一九九八年、東京の練馬区で自分の登録原票を見せろという要求が出されたとき、練馬区はこれに応じました。慌てた法務省は練馬区を指導しましたが、ザル法に近い一九八八年の「個人情報保護法」（詳しくは次項Q11・八八ページ参照）でも、訂正権のないアクセスは認められています。結果は法務省の負けでした。二〇〇〇年、法務省は原票の閲覧を黙認します。

政府にとって、外国人管理は意識として治安警察業務の延長にあったのでしょう。治安警察業務については「個人情報保護法」で適用除外が認められ（国際的には除外されない）、安心していたのかもしれません。

これによって、外国人登録も「個人情報保護法」の適用対象である個人データであることが明確になりました。そうなると、その中身が問われなければなりません。登録の切り替え制、過重な罰則による強制、などを含め、国際的な視点から抜本的な改正が必要になったといってよいでしょう。

在日外国人に対する登録をどうすべきか、この問題はすでに運動の中でも論議されています。住民基本台帳制度を抜本改正して、そこに登録する案のほか、独自の登録法試案も出されています。日本人が戸籍支配から脱することができれば、内外人に扱いの大きな違いがない新たな登録制度が考えられるかもしれません。

Q11 日本の個人情報保護法はザル法だ、と聞きます。どんなものですか？

自治体の多くに個人情報保護条例があるようですが、個人情報保護法のことはあまり耳にしません。ザル法だから、という人がありますがどうなのでしょうか。

自治体・企業の動き

個人情報を守るためには、大量の個人情報を入手している自治体の意識がとても重要です。地方自治体は七〇年代後半から、多くの行政情報をコンピュータで処理するため、コンピュータ導入に反対する住民を説得。その材料として、個人情報保護条例を制定することになります。

最初のものは一九七五年、国立市（東京都）の「電算条例」で、本格的な個人情報保護条例は一九八四年、春日市（福岡県）で制定されました。外部結合の禁止をはじめて謳った東京都杉並区のもの（自治省の「助言」を受け入れ、現在は解除）、目的外利用の禁止をいっそう強化し、本人に「事前差し止め権」を与えた（八六年、東京都三鷹市）もの、広く「個人の思想、信条、宗教、人種及び社会的差別の原因となる社会的身分に関する事項は記録事項に含まない」（七六年、東京都世田谷区）とか「市の機関は、思想、信条、支持政党・宗教・さらに社会的差別の原因となる個人情報を保管してはならない」（福岡県春日市）とセンシティブ情報を規定した（春日市の場合、対象はマニュアル・データにも及んでいる）もの。自治体によって、内容はさまざまですが、ともかく、これによって私たちの個人情報の保護が進んだのは間違いありません。

とくに、情報保護策を講じるために市民からなる条例運営審議会を持つ自治体が多く、審議委員の意識は当初、行政の御用機関に近かったが、市民のプライバシー意識が高まるのに応じて、多少のチェック機能を持つようになったことが大きいようです。戸籍・住民票など、もっとも大事な個人情報では、国の指導に忠実な行政を擁護していますが、法や通達の規制が少ない個人情報に対しては、自治体独自の判断を示すことが始まっているからです。

個人情報保護の原則の中には、自己参加の原則（個人アクセスの原則）があります。自分に関するコンピュータ情報を開示させ、訂正を求める権利です。これによって、これまで秘匿されていた自己の診療情報（レセプト）や、指導要録、内申書などを知り、その中身の訂正を求める窓口が開かれたわけです。

こうした記録がコンピュータ処理されるのは危険で、阻止しなければなりませんが、情報を一方的に握られ、その確認さえできないこれまでの状況はもっと危険なものでした。条例にもっと住民の声を反映させ（東京都小金井市の条例では審議委員は公募です）、無用な情報を削除し、条例の精神をマニュアル・データにも適用する（春日市、川崎市などがマニュアル・データにも適用してる）ことが必要です。そのためにも、住民がもっと声を挙げ、審議委員を活用していく必要があります。

同じように大量の個人情報を保持しているのが金融関連機関（銀行・保険業など）と信用サービス機関（消費者金融、信販、通販など）、それにライフラインにかかわる準公共機関（電力、ガス、電話など）。これらは銀行振込や信用チェックなどで、相互に関連しています。

これらは共通の個人信用情報機関を設けていて（銀行系が個人信用情報センター、クレジット系が信用情報センター、その他の連合体が日本情報センター）、独自の運用基準を設けています。また、これらの信用情報機関は互いに連携し、情報を交換し、不正を予防していますが、これがいわゆるブラック情報で、延滞・貸し倒れなどの誤った情報が一度流されると、カードが停止したり、クレジットが利かない、などが起きる巨大データバンクです。

日本情報センターの親団体である全国信用情報センター連合会は一九八一年、OECDのガイドラインを踏まえ、「倫理綱領」を制定。八三年には国が「貸金業の規制等に関する法律」のなかで、信用情報機関の会員（利用者）は提供された情報を「資金需要者の返済能力の調査以外の目的のために使用してはならない」とし、八四年に公布された「改正割賦《かっぷ》販売法」でも「割賦販売業者等及び信用情報機関は、信用情報を購入者の支払能力の調査以外の目的に使用してはならない」としています。

一九八六年、大蔵省銀行局は「金融機関等が信用情報機関を設置又は利用する場合

「信用情報機関の内規」

大蔵省の指導もあって、どこも似たような内規になっていますが、モデルとなったのが全情連の「倫理綱領」。会員企業に対する情報提供を目的にしながらも、目的外利用の禁止、誤情報の訂正義務などを定め、相談窓口を開設しています。

の信用情報の取り扱いについて」という局長通達を発令。通産省産業政策局も同時期に同様の通達を出しています。

これらの機関はいちおうこれを守らなければ存在意義を問われかねない機関なので、どこも苦情を受付ける窓口を開いています。問題を感じたら相談してみることが大切です。問題はむしろ、こうした自主規制を必要としないその他の民間企業です。大蔵省、通産省はその他の企業に向けても法規制の伴わないさまざまなガイドラインを示しています。が、それはむしろ法規制を避けるための方便とも取れなくはありません。

行政管理庁の五原則

もちろん、政府の中にも個人情報保護法の必要性の認識は皆無《かいむ》ではありませんでした。中でも業界との結びつきを持たない行政管理庁は、真剣にこの問題と取り組もうとしていました。一九八二年、行政管理庁の諮問機関《しもんきかん》で、諮問委員に多くの学者を連ねた「プライバシー保護研究会」は住民票の公開制限や信用調査会社（興信所）規制の必要性などを提言したほか、個人情報保護のための五原則を打ち出したのです。

これはOECDの八原則を五原則に整理したもので、当時としてはまずまずの内容を備えた、日本版個人情報保護法のモデルでした。次にこの五原則を示します。

(1) 収集制限の原則　明確な目的達成に必要な限度内で、適法・公正な方法による

収集と保管

(2)利用制限の原則　明確な収集目的の範囲内での利用

(3)個人参加の原則　本人のデータ・アクセス権とデータ訂正権

(4)適正管理の原則　個人データの破壊・改ざん・漏洩《ろうえい》の防止と正確最新に保つ義務

(5)責任明確化の原則　データ管理者の責任の明確化

この五原則はもちろん、公的機関ばかりではなく、民間が保有するコンピュータ・データにも適用されるものとして提示されたものです。そして、原則をマニュアル・データに拡張すること、罰則を設けること、監視のための第三者機関を設けること、などを検討事項としてあげています。

この「プライバシー保護研究会」五原則は高く評価され、「朝日」から「産経」まで、マスコミはこぞってこの報告を歓迎。保護に手抜かりがないようを慎重に検討を重ねたうえで、早期に導入すべきだ、との論陣を張りました。当然、これを下回らない内容の個人情報保護法案が登場するものと考えられていました。ところが、折から挙がった行政改革の掛け声の中で、なぜか行政管理庁だけが総務庁に飲み込まれ、姿を消してしまうのです。そしてその後、個人情報の問題は一括して保護に消極的な総務庁が担当する事項となりました。

個人情報保護法

一九八五年、総務庁は新たに「行政機関における個人情報保護に関する研究会」を発足させます。名称からもわかるように、この研究会は行政機関の個人情報に限られたもので、メンバーには多くの行政府の官僚が加わっていました。そして、八六年一二月に出された「(立法化を求める) 提言」は八二年の「報告書」から大きく後退したものだったのです。予想どおり「提言」は民間が保有する個人情報について何も触れておらず、また、マニュアル・ファイルへの言及もありません。その他、多くの部分でOECDの八原則に達しないシロモノだったのです。

総務庁「研究会」の提言が「報告書」から大幅に後退したことに対して、マスコミを含め、世論は一斉に反発しました。しかし総務庁は「(対外的なバランスから) 導入を急ぐ必要がある」との一点張りで、「提言」をベースにした法律案をまとめ、一九八八年、国会に上程。一度は継続審議になりながらも、その年の臨時国会で成立します。これが現在の「個人情報保護法 (正式名称は「行政機関の電子計算機処理に係る個人情報の保護に関する法律」) なのです。

その内容のお粗末さには与党、自民党の中にも疑問の声が上がるほど。総務庁の役人もそのことは承知で、ひたすら頭を下げて、「ともかく一歩前進させてください」と議員の説得に回ったものです。まずは導入するにしても、早急に改善が必要だ、ということで与野党（自民、公明、民社、社会）が一致し、衆参両院で附帯決議《ふたいけつぎ》が付けられました。

附帯決議のポイントは次の三点です。

(1) マニュアル種類にかかわる個人情報の方について検討すること

(2) 個人情報の保護は民間部門にも必要なので早急に検討すること

(3) 状況の急激な変化に鑑《かんが》み、五年以内に本法の見直しを行なうこと

つまり、個人情報保護法は成立したが、あくまでも過渡的なものにすぎず、国際基準に達しているとは言いがたい問題だらけの法律になってしまったのです。

決議のとおりの(1)、(2)が欠如していること、センシティブ情報に言及がないこと、利用制限の原則や公開の原則に例外が多すぎ、骨抜きになっていること、個人参加の原則の中に訂正請求権が保障されていないこと、罰則や監督機関の定めがなく、総務庁の適正な運用を信じるほかないこと、などがそれです。

このことは政府も承知しています。だからその後、新たにコンピュータを導入する必要に迫られるたび、政府機関はそれが「ＯＥＣＤの八原則を満たしている」と説明しています。日本の法律を満たしている、と説明しても何の説得材料にもならないからです。

ミニマム・スタンダード以下の基準――これが現在の「個人情報保護法」なのです。衆参両院は「急激な変化」に鑑み「五年以内の見直し」を決議しました。その後、

データ保護のリトマス紙

データ保護法の原則を列記しても、それらはよく似ており、実際の運用がどうなっているのかわからないと、法の真価を判断するのは困難です。評価法の一つはシステムの民主度を測るもので、なにが違反かの基準が明確で、罰則も明示され、監督機関がこれを厳正に適用できる状態にあるかどうかを見るものです。つまり、国民の権利保護を代行するシステムになっているかどうかを見ることです。もう一つは規制対象の広さを測るもので、データが民間にも及んでいるかどうか、マニュアルにも及んでいるかどうか、警察など捜査機関のデータにも及んでいるかどうか、そして、センシティブ・データを特定し、特別なガードを設けているかどうか、これらを見ることで保護法の質を判断し、比較することができます。

以下、規制対象の広さから保護法（条約）の評価をしてみましょう。

「急激な変化」は起きていますが「五年以内の見直し」は実行されていません。

政府役人が守ったもの

どうしてこんなことになったのか、法案策定の過程で明らかになったことがあります。「提言」が八原則からの例外を認めなければならなかった最大のものが「戸籍や登記簿謄本のように本人以外からの請求があった場合、法律上拒むことができない」ファイルの存在だったのです。総務庁は法に詳しい議員に対して、そう本音《ほんね》を明かして理解を求めたのです。

思い出してみてください。日本は、国連決議に対して水面下でこう抵抗していました。「センシティブなカテゴリーに属する情報は国と個人によって異なる」から、すべての国に一律に適用するべきではない。「各国の伝統と公的行政サービスの必要その他の状況に従って、各国により決定すべきである」。

実はそれ以前のOECDガイドラインに対しても「わが国としては、電子計算機処理にかかわる個人情報の流通と個人データの保護の問題は各国により事情も異なっており、また、個人データの保護のあり方は、各国の法制度、伝統・文化などの社会的基盤の違いを反映し、それぞれ異なったものとなりうることから、国情による相違が許容されることを前提にこのガイドラインの採択に賛成している」(『個人情報保護法』総務庁行政管理局監修、第一法規、平成三年)としていたのです。

一九八〇年OECD八原則

	民間データ	行政データ
保護原則はあるか	○	○
マニュアル適用はあるか	△	△
センシティブデータの指定はあるか	×	×
警察データを例外にしてはいないか	／	×

一九九〇年国連決議

	民間データ	行政データ
保護原則はあるか	○	○
マニュアル適用はあるか	△	△
センシティブデータの指定はあるか	○	○
警察データを例外にしてはいないか	／	○

一九九五年EU指令

	民間データ	行政データ
保護原則はあるか	○	○
マニュアル適用はあるか	○	○
センシティブデータの指定はあるか	○	○
警察データを例外にしてはいないか	／	○

ここでいう「伝統と行政サービスの必要」「法制度、伝統・文化などの違い」とは、戸籍制度のこと（登記簿謄本を挙げているのは戸籍の問題＝差別をぼかすため）だったのです。法学者は手続法に過ぎない戸籍制度の機能をほとんど知らず、個人情報を考える際にも見落としてしまいがちです。しかし、役人は違います。国民を支配する、最も重要な個人情報が戸籍であることを知り抜いており、戸籍を揺るがすような保護法を導入するわけにはいかなかったのです。

「提言」は現行の戸籍制度にメスを入れることなく、日本の「法制度、伝統・文化などの社会的基盤の違い」を守ったのです。だからこそ、「提言」はマニュアル・ファイルに言及せず、センシティブ情報にもふれなかったのです。

これを逆に言うなら、戸籍にメスを入れることなく、個人情報の保護をマニュアル・ファイルにも拡大する、とした八二年の「報告書」は、いささかお粗末なものというほかはありません。もちろん学者たちの努力は評価しますが、個人情報を考えるにあたって、戸籍問題は避けて通れない最大の関門なのです。

一九八二年行政管理庁案

	行政データ	民間データ
保護原則はあるか	○	○
マニュアル適用はあるか	△	△
センシティブデータの指定はあるか	×	×※
警察データを例外にしてはいないか	×	／

※興信所の規制に言及、「大阪府興信所条例」の支柱となった。

一九八八年行政機関個人情報保護法

	行政データ	民間データ
保護原則はあるか	○	×
マニュアル適用はあるか	×	×
センシティブデータの指定はあるか	×	×
警察データを例外にしてはいないか	×	／

Q12 戸籍が持つ個人情報にはどんなものがあるのですか？

日本では、個人情報の基礎になるものが戸籍制度だそうです。とすれば一番重要な個人情報なのでしょうが、それがいったいどんなものなのか、よくわかりません。

いうまでもなく、この日本にも多くの個人情報ファイルがあります。官公庁のデータ・ファイルに加えて多くの公益法人、民間機関、団体、個人が保有するファイルまで、その数を知ることはとうてい不可能（防衛庁・警察庁を除く政府のデータ・ファイルの総数は総務省が把握します）なことです。

そしてその多くが今や、マニュアル・ファイルからコンピュータ・ファイルに移行しようとしており、プライバシーは危機的な状況にあるといえます。保護が叫ばれるのは当然のことといえましょう。

しかし、見てきたように、世界の個人情報保護の流れに比べ、日本のそれはあまりにも遅れています。もっとも、日本政府の態度を厳密に言い表すとすれば、それは決して遅れているわけではないのでしょう。というのも政府には個人情報を保護しようとする意識がそもそもないので、世界をリードしようとする気も、追いつこうとする気もないからなのです。

日本政府が、繰り返し「わが国固有の伝統と文化」に固執する言葉の裏には、「できれば世界とは別な道を歩きたい」「世界が持っていない支配技術をいつまでも温存したい」という本音が隠れています。おそらくはこれが、日本政府、あるいは政府官僚たちの総意なのです。そう考えなければ、日本の現状の個人情報の扱いを説明することはできません。そこにはプライバシーに対する配慮がほとんど感じられないからです。

戸籍簿とプライバシー

戸籍は日本のほか、韓国・台湾にしか存在しないシステムですが、かつて、アメリカの行政システムを学びに行った法務省の役人が戸籍を自慢して「アメリカでもやったらどうか」と提案。「アメリカでそんなことをやったら、国民が黙ってはいない」と、呆《あき》れられた、という実話があります。むろん、プライバシーを踏みにじるものだから、です。

プライバシーを丸裸にしてしまう戸籍制度を自慢する役人も役人ですが、戸籍に黙って従っている国民も国民です。ちなみに、日本の占領中に押し付けられた韓国・台湾の戸籍は、その後、いくたびか差別台帳として糾弾《きゅうだん》され、廃止寸前にまで追い込まれています。

ともあれ、この制度によって日本国籍者は残らず、生まれたとき（出生届）から戸籍に登録され、どこかの「家」の一員として、その家の氏を名乗らされて、暮らすことになります。その際、外国籍者は排除されますので、日本国籍者との間の親子関係は証明できません。また、「棄児《きじ》」など、入るべき家のない子は、新たに氏を与えられ、単身で戸籍を作りますが、氏が与えられ、新たに戸籍が編成されたことが記載されますので、「棄児」であることは一目瞭然《いちもくりょうぜん》です。

戸籍が個人の登録簿ではなく「家」を単位とした登録簿であることが生み出す差別（外国籍者も「家」の集合体である日本国「家」からはみ出す結果となる）です。また、戸籍は個人の生涯に渡る記録を超え、世代や親族、一族をリンクし、「家」の歴史を映すものになっているので、自己がコントロールできる情報の範囲を越えています。死んでからも管理され続けるのです。

こうしたセンシティブで、コントロールしきれない個人情報が、公開原則の下、国家の最も権威ある公正証書としてさまざまな証明に役立てられている、ということ。それをおかしいと思わない人があるとすれば、この人に人権感覚があるとはとてもいえません。

しかもこの制度には法目的が定められていません。近代法は目的があって、それに添った形で作られるものです。「なんにでも使えるように、とりあえず作ってみました」というような法律は本来ありえない（絶対権力者が意のままに作る場合は別ですが）のです。だから、個人情報保護のための原点である「目的」がなく、収集制限や利用制限などの原則をそもそも適用することができません。これを一言でいえば、近代社会にあってはならない制度だということです。

外国人を締め出し、日本人すべての出生の記録を公開して「婚外子、棄児、養子《ようし》……」などの出生の秘密を暴くと同時に、家族、親族情報を、謄本《とうほん》（戸籍全体の写し）などでセット提供するため「出身、家柄、係累……」など、差別の温床を蔓延《まんえん》させ、「独身、離別、死別……」など、現実の生活を推定させることで、ストーカーやセクハラの材料を提供します。

問題だらけの制度、これをこの国は「世界に冠たる制度」と誇り、人権を奪うことで可能になった「便利で確実」な台帳であることをいいことに、さまざまな行政のベースとして利用してきました。戸籍を基礎とした国づくりをしてきてしまったともいえます。しかし、これではだめなのです。出直しが必要なのです。

戸籍簿と背番号

国民総背番号制との関連で言うならば、戸籍制度はすでに「国民総背番号制度」だともいえます。というのも「背番号」というのはひとつの比喩《ひゆ》で、決して「数字」を意味するものではないからです。それは人格を捨象《しやしょう》し、処理しやすいようにあてがわれた「コード」を意味しているのです。だから、商品についているバーコードも「背番号」なら、自動車のナンバープレートにある「多摩・88・み」などというのも

「背番号」なのです。

たとえば、私の戸籍名である「佐藤文明」はどうでしょうか。これが私の人格と不可分で、私にゆだねられた人格の表明手段である限り、コードとは言い切れません。でも、実際にはこの名前も戸籍制度に縛られ、そのルールに従って変更を強制される（婚姻、離婚、縁組、離縁など）役所の記号にほかなりません。

日本人は明治以来、戸籍制度によって人格を奪われた名前を強要されることになりました。夫婦同姓の強制もそのひとつですが、日本人の名前は政府によって、多様（複名の習慣）で変化に富んだ（改名の習慣）生き生きした人格を剥ぎとられ（複命の禁止、戸籍名の強制、改名の許可）、処理しやすい「漢字記号」におとしめられてしまいました。

だから「佐藤文明」は「佐」「藤」「文」「明」としてコード化され、処理されます。そして「本籍地」と「生年月日」とが、同姓同名を区別する補助情報として担保されます（だから、同一本籍内の同名は禁止され、一方の改名が奨励される。同一戸籍にある間は親の名を子が継ぐことも許されない）。変更はルールに従い、例外を許しません。これは個人の人格を運ぶ「名前」の原理、歴史や伝統、文化や慣習とはほど遠い（戸籍は日本の伝統文化ではなく、その破壊者なのだ）シロモノだといえます。私たちはコードの原理を「生かされている」のです。

そして、すべての政府機関が、あらゆる行政が、戸籍名以外の名前を認めず、戸籍名による届けを強制し、戸籍名をキーワードにして、個人情報、親族情報を管理しています。戸籍名はこの際のデータ照合コードであり、実質的な「国民総背番号」として機能しているのです。

戸籍のデータはまだコンピュータで処理されてはいません。引き出しや読み込み、打ち出し、転送などがコンピュータ処理されているだけ。かろうじてマニュアル・データにとどまっています。だから、これをコンピュータ・データにすることを許してはなりませんし、個人情報保護法をマニュアル・データにも適用し、戸籍制度を廃止していく必要があります。

もちろん政府はこれをコンピュータに入力し、指紋や写真など、個人の特性とリンクさせたうえで、これを反映したカードを携帯させたい、と考えているでしょう。夢のパーフェクト管理の実現です。「漢字記号」はこの場合、いささか扱いにくいコードですが、それもコンピュータの記憶容量が小さかったころの話です。「漢字記号」に難があるとすれば、人々がなおこれを名前と考えて、自分の人格を反映させようと考えている（最高裁も名前に人格権を認めている）ことぐらい。でもやはり、番号が欲しいでしょう。難がある以上、パーフェクトではないからです。

戸籍附票

戸籍と住民票を連結するため一九五一年、住民登録法上に設けられた制度なので、

「先行自治体は違法状態」

先行自治体によっては戸籍の原本を作らず、デジタル（コンピュータ）データで置き換えてしまっているところがあります。これはマニュアルデータではないので、明らかに国際条約に違反する個人データといえます。しかし国のデータでありながら自治体が管理しているため、日本の従来の政府部門に関する「個人情報保護法」違反すれすれのものといえます。保護法が公共機関や民間に拡大されれば、完全に違法状態になるシロモノです。

本来は居住地自治体の制度ですが、本籍地が管理する奇妙なものになっています。戸籍に附票《ふひょう》をつけ、戸籍の成員それぞれの住所歴を表示したもので、本籍がわかれば住所がわかる仕組みになっています。

住所変更があれば住所地から本籍地の役所に通知され、本人の届けがなくても戸籍附票の住所が訂正されます（逆の戸籍訂正→住民票訂正にも利用される）。住民登録上の制度なので、転籍《てんせき》などで除票《じょひょう》になると保存期間は住民票の除票同様五年です。公開規定は住民票に準じており、戸籍ほど厳しくはありません。

除籍簿（古い戸籍）と異なり「債権取立て」を理由にすれば写しの交付を拒めないため、これを利用した身元調査が増えています。また、人の住所歴は出生地をはじめ、福祉施設や矯正施設《きょうせいしせつ》への入所歴など、プライバシーに属するものが多いため、公開、公証は問題です。

これによって追跡される（暴力団や暴力亭主）ことを恐れ、住民登録できない者も多く、その人たちの人権が危ぶまれています（以下、アメリカの親探し制度の例外と比較して欲しい）。

法改正が不可欠ですが、転籍によって過去の住所歴を消す（暴力亭主の場合、これは使えない）のが当面の自衛策。しかし「転籍者には問題がある」といった差別感も存在していて、政府も転籍の奨励をしていません。家の本拠地にこだわらず、転籍が励行されることが望まれます。

転籍

本籍を他に移すこと。

「矯正施設リスト」

刑務所をはじめ、婦人補導院、少年院など、入所者の生活姿勢を改めるために設けられた施設を矯正施設と呼んでいます。長期入所すればそこが住所となり、住所歴として残ることになりますが、これを利用して、その人の犯歴の有無を判断しようとして、そのリスト（福祉施設の住所を含む）が掲載された本（これは回収された）が出版されたことがあります。住所歴はまた、入所歴を明らかにする、差別的な個人情報になりかねないのです。

欧米の場合

戸籍を持たない欧米では、国籍の確認は普通、出生証明書で行います。公的機関には出生届や婚姻届を受付ける窓口があり、届はそのまま日付順にファイルされ、請求があれば届けたことを証明してくれるのです。それぞれの届は別々で、出生届からは両親の婚姻関係はわかりませんから婚外子であることはわかりませんし、婚姻届からは再婚者か子連れかはわかりません。

さらに重要なことは、証明書は「いつどこに届けたか」を知る人にしか取れないことです。ばらばらの届なので、ある人物の全体像は政府や公的機関でもアクセスできないようになっています。人のプライバシーをつかむためには私立探偵を雇って、調査するほかにないのです。私立探偵は資格が必要で、差別情報には慎重（問題が起きることもあるよう）であることが期待されています。

欧米では遺言が発達していて、自己財産は自己責任で配分します。相続制度もありますが、これも被相続人が申し立て、証明する義務があるので、公的機関がデータを持っている必要がありません。申し立て期限が過ぎれば相続する権利は失われます。

アメリカには「親探しサービス（Parent Locator Service）」というのがあり、児童扶養《じどうふよう》手当を受給する場合、このサービスを受ける義務が課されます。連邦政府と州の事業で、発見した親から手当ての一部を徴収する仕組みです。発見の方法は政府の保有するあらゆる個人データに当たり、対象者の社会保障番号（Social Security Number）を追跡するというのが一般的ですが、その他多くの手段が許されています。

手当てとの交換であること、例外（レイプや親が危害を加える恐れなど）を認めていること、調査データは非開示であること、など、戸籍制度とは根本的な違いがあります。が、それでも、プライバシー上、問題が多いということで、アメリカの自由人権協会からクレームがついています。

プライバシーの脅威・嘘発見器

親探しに当たって、州によっては嘘発見器の使用を強制しているところがあり、これが大きな問題になっています。プライバシーを論じるアメリカの文献にはよくこの嘘発見器が登場します。確かに、この強制は重大なプライバシーの侵害で、規制を含む検討が必要でしょう。日本でもこれがパソコンソフトとしても売り出されており、今はおもちゃのようなものかもしれませんが、将来、どれだけ精密なものに成長するか測り知れないからです。

Q13 周辺にもたくさんの個人情報があるそうですが、問題はありますか？

戸籍を基礎にして、多くの個人情報が作られているようですが、戸籍周辺にある大きなデータ・ファイルを教えてください。そこに問題はないのですか。

戸籍のようなシステムができてしまうと、管理する側もされる側も、プライバシー意識を失ってしまいます。個人情報を保護しようとする感覚が育たないのです。その結果、戸籍制度の周辺には、多くの問題ファイルや番号制度、個人調査データがあふれています。次にその主なものを列挙しておきましょう。

犯歴簿（犯罪者名簿）

本籍地の役所が管理している名簿で、法務省からの「通知」に従って記載されます。刑期終了五年後に削除《さくじょ》（といっても赤線を引くだけ）されます。もっともデリケートな個人情報と考えられており、本人にも公開されません。役所にとって公民権（選挙、被選挙権など）の停止資料でしかないので、法務省に返上しよう、との声もありますが、実現はしていません。

転籍すると「犯歴簿」も新本籍地に移されますが、この事務を確実に実行するため、戸籍にリンク用のマーキング（犯歴簿があるよ、という印）を入れている役所が少なくありません（違法なのでやめさせよう）。戸籍のコンピュータ処理をしている自治体でも、犯歴がある人が転籍すると、合図が出るようで、問題は少なくありません。

禁治産・準禁治産・破産者名簿

本籍地の役所が管理している名簿で、基本的にはそれぞれが別張です。裁判所の「決定」が本籍地に通知され、記録される（禁治産者《きんちさんしゃ》については戸籍にも登録される）わけです。これらもきわめてセンシティブな個人情報なので、本人にも非公開ですが、本人が「身分証明書」の交付を受けることは可能です。

「身分証明書」は法的能力者であることを証明するもので、会社設立登記の際などに必要とされるものです。「身分証明書」は成人で、「無能力者（禁治産者、準禁治産者、破産者）」でないものに発行されます。

禁治産者は精神障害などで後見人を必要とする者。とはいえ、「身分証明制度」があるのだから戸籍に記載する必要はありません（かつては準禁治産者も記載されていました）。この記載が、障害者差別を引き起こしています。

人口動態統計

戸籍の届出と同時に記入を求められるもので、同じ用紙に組み込まれているので戸

禁治産者

心身喪失が常態で家庭裁判所によって財産の管理・処分を禁じられた人をいいます。

「自己破産者」

借金で首が回らなくなったから、といって、自ら裁判所に申し出て「破産宣告」を受けた者を「自己破産者」といいます。が、これも法的には、大量に借財を抱え込み一方的に破産を宣告された破産者とおなじで、破産者名簿にファイリングされることになります。身分証明書を発行してもらうことができないため、これが必要な会社登記などができなくなります。

籍の届と区別がつきません。役所はこれをマークシートに書き写し、厚生省に送ります。統計資料として、コンピュータで処理されるわけですが、シートは記名式なので監視が必要です。

「何秒に一人が生まれる」とか、「結婚したもののうち何組が離婚する」といった発表は、これを資料にしています。協力の義務はあっても罰則はなく、これに記入しなくても、戸籍の届出事項が満たされていれば、役所はこれを受理しなければなりません。

「出生子の数」や「妊娠回数」「（婚姻前に）同居を始めた年月」など、夫婦間でも秘密であったり、心の傷を抉り出す結果を生むような極めてプライベートな質問（GHQが占領中、許さなかった質問もある）が多く、問題だらけです。届出のとき、記入を拒否することが大事です。厚生省は戦争中「国民登録制度（Q15・一二六ページ参照）」の主務官庁でもあったことを忘れてはならないと思います。

戸籍届書

戸籍の届書は戸籍簿に記載を済ませた後、地方法務局に送られ、ここで保存されます。が、それまでしばらくの間、役所に止めおかれます。この届書の扱いは規定が乏しく、本人はもちろん閲覧できますが、第三者の閲覧も、禁止規定がないため不可能ではありません。また、届書の第三者閲覧《えつらん》を認めていない役所でも、届出のエッセンスを一覧にした「受付帳」を見せているところがあり、葬儀会社や婚礼調度品販売業、育児用品店などが定期的に閲覧しては、ダイレクトメールのデータにしています。

届書には前記した人口動態の資料も記載され、出生証明書や死亡診断書、死体検案書などがセットされていますので、戸籍謄本とは比較にならないほどの個人情報が記載されているのです。「受付帳」を含め、戸籍に関連した帳票を直ちに非公開（本人を除く）とすべきです。

住民基本台帳

住民票という呼び方で耳慣れているものですが、「住民の福祉の増進」を目的とした「住所に関する」登録簿とされ、住所地の自治体が管理しています。戸籍とは法目的も法源も異なる（戸籍は民法を根拠とするといわれており、住民票は地方自治法に根拠を持つ）、別個の制度ですが、政府（法務省、自治省）はこれを戸籍の配下（補完物）と考え、誘導してきました。

「個人を単位に世帯ごとに編成する」とされ、世帯の中に「世帯主」を持ち込むなどもその現われですが、「居住関係の公証」といいながら、皇族、外国籍者を締め出すなど、錯乱《さくらん》としかいいようのないことを平然と続けています。そのため、戸籍の差別（婚外子、養子など）がそのまま住民票にも持ち込まれ（一九九五年、この差別は廃止）、いまも事実婚夫婦や、その子の扱いを戸籍を基準に区別（これは子どもの権利条約や女性差別撤廃条約などに抵触しています）しています。

一九六七年、住民登録法から住民基本台帳法に移行したのを機に、住民票は住民基本台帳とも呼ばれるようになり、選挙、福祉（年金、国民健康保険、生活保護など）、配給（現在は休止）などの情報を飲み込み、個人情報の統一データ・ファイルとなりました。と同時に、コンピュータ化に向けて情報の整理が行なわれ、東京都中野区を皮切りに、多くの自治体がコンピュータの導入を開始します。これによって事実上の「住民総背番号制」体制が作られていきます。

一九八八年の法改正によって、紙の住民票はお役御免となり、コンピュータのデータと化しています。プリントアウトしたときだけ台帳の姿をしていますが、普段は他のデータ・ファイルと何も違わないデジタル信号になって、自治体のコンピュータに収まっているだけなのです。またこれによって打ち出された住所リストが大量閲覧され、ダイレクトメールなどに利用されているのですが、この大量閲覧には自治体にも廃止を求める声があがっています。

住民票の記載事項に本籍・筆頭者・続柄があり、これが部落差別などに使われるため、これを省略した住民票が発行されていますが、いまだにそのことを知らず、むやみに全部の写しを欲しがる事業所などがあります。こうした問題の改善も急がれます。

いま、この登録簿が、国民総背番号制の基礎データになろうとしています。また、特定の宗教団体の転入者を拒否し、締め出す道具にも使われています。「住民の福祉

ここでちょっと自己紹介

筆者は一九六九年から三年間、東京都新宿区の職員として戸籍・住民登録を担当。一九七〇年、中野区に次いで住民登録にコンピュータを導入しようとする区当局に反対して運動しました。導入されてしまってからも、これが国民総背番号制につながる、として移行に必要な業務を拒否。七二年三月に退職することになりました。そんなわけで、以来、総背番号制の行方には重大な関心を持ち、監視を続けてきました。本書はその成果であると言ってもいいでしょう。

の増進」や「住所に関する登録」とは大きくかけ離れた、危ない個人情報ファイル（家族情報も提供している）に育ってしまったと言えるでしょう。

外国人登録

戸籍、住民票から排除した外国人を管理するための台帳で、法目的にもサービスの字句はなく、「公正な管理」がうたわれています。一九四七年に最後の勅令《ちょくれい》として出された制度で、登録証の常時携帯を義務づけ、顔写真や職業をはじめ、数多くの個人情報が登録管理されています。

五二年には指紋制度が導入されましたが、「犯罪者扱いするもの」という反発も強く、八〇年代に入ると廃止運動が高まり、九三年には定住外国人から、二〇〇〇年には外国人すべてから指紋が廃止されますが、その一方、一九八〇年、登録証の番号が終生不変（例外あり）となり、八四年一〇月一日からコンピュータ管理が始まって、事実上の「在日外国人総背番号制」が完成します。また九三年からは指紋に代わって、外国人の親族・家族情報が登録されており（婚外子の続柄差別など、明らかに国際基準に反している）、当然日本人もこれに含まれています（戦前、外国人を親族に持つ日本人も差別対象だったことを忘れてはなりません）。

外国人登録は出入国管理とも一体で、出入国記録とコンピュータ上でリンクしています。なお、登録原票の管理は住所地の自治体ですが、主務官庁は戸籍と同じく法務省です。

人口静態調査

戸籍制度が家族・親族の登録簿（家の台帳）と化し、生活実態から遊離したため、その補完簿として大正時代以降、重視された実態調査簿で、現在では「巡回連絡カード」などといわれています。警察官が定期的に家々を巡回して整備・管理してきているものです。

住民登録が整備された今日、公的な役目を喪失しています（協力の義務はない）が、今でも「道案内のため」とか「災害の際の身元確認のため」と称して調査は続いています。実際、調査票が道案内用として交番につるしてあったところもあり、管理の実態、利用の実態が明らかではなく、プライバシー上も問題が少なくありません。

調査に応じない住民を脅迫する警察官がいたり、身元調査に訪れた興信所の調査員に付属情報を垂れ流したり、許しがたい事件も耳にします。身元調査会社そのものが、元警察官の設立であったり、退職警察官の再就職の受け皿であったりするため、馴れ合いも生じるわけです。いずれにせよ、だれも外部からチェックができない制度は危険です。

「プライバシーを売る警官」

警視庁尾久署の巡査部長（懲戒免職）羽根田俊二（五五）が東京シークレット調査会社社長（元警視庁警部補）堀田孝一に対して、犯罪歴などの個人データを提供していた、として、二〇〇一年二月二七日、東京地裁は「守秘義務違反」で懲役八カ月、執行猶予三年を言い渡しました。「多くの個人情報が漏洩し、警察の社会的信用が失墜した」というのですが、こんなものは氷山の一角。多くの元警察官が情報調査会社を開設するのは、警察の個人情報が手に入るからなのです。警察官設立になる全調査会社を洗いなおす必要があります。

Q14 その他に注意しなければならない個人情報って、なんですか？

日本にある戸籍周辺データ以外の、注意すべき巨大ファイルにはどんなものがありますか。問題になりそうな点を含めて、教えていただきたいと思います。

郵便貯金預金者ファイル

行政が抱えている最大規模のコンピュータで、すでに全国オンラインの個人ファイルになっていて、総務省郵政局貯金部（貯金事務センター）が管理しています。契約案件ごとに八ケタのナンバー（十五ケタの記号）が交付され、総件数は日本の総人口を上回っています。「名寄せ」によって同一人の預金番号はリンクされていますが、「変名預金の取り締まり」と称して、住民票、保険証などの提示を求め、戸籍名に一本化させようとしています。

そのため、プライバシーへの配慮が一層重要になっていますが、現状では、他の民間金融機関と大差はありません。これが簡易保険のファイルや郵便の集配情報ファイルと結合されるとあまりにも危険だといえるでしょう。

生活ぶりが家計を含めて裸にされるので、民間が太刀打ちできないばかりではなく、貯金の強制（戦前、町内会を使ってこれが組織された）をされても、拒否できないような事態さえ起こりかねません。七ケタ郵便番号は、従来のマニュアル集配情報をコンピュータ化する布石である、との説もあり、これを許さないための国民監視が必要とされています。

郵便局の地域情報拠点化計画という将来ビジョンがあり、従来の年金事務や社会福祉の給付事務の代行に加え、戸籍・住民票などの交付なども代行しようとしていますが、そうなれば、行政の多くのデータ回線が集中する危険性とともに、自治体の対住民業務が失われ、地方自治の崩壊を招く可能性も持っています。

自治省が総務省に吸収され、郵政省とドッキングしたことが、これをいっそう現実的にしました。郵便の配達地と住民登録地の照合などが行なわれれば、住所の概念はますます狭まり、生活形態の多様性が失われてしまいます。

納税者ファイル

すでに、すべての納税者は納税種目ごとに別々の八ケタのナンバー（十二ケタの種目番号）によって管理されています。しかし、すべての課税対象種目に共用できる通し番号が必要だ、として、一九七七年「納税者番号制」の研究がスタートしました。というのも八一年一月から「不公平税制（利子・配当所得の分離課税）を廃止し、総合課税（キャピタルゲイン）を導入する」ことが決まったからです。すべての所得を統合する番号が必要だ、というのです。

「人の名前と人権」

人にはペンネームのほかいくつかの名前があります。戸籍上の名前は戸籍名で、他の名前と法的な違いはありません。ペンネームでの契約もおなじように有効です。したがって、預金通帳の名前もそれぞれにあっても不思議はなく、戸籍名以外は不正を目的とした偽名であると決めつけるのはおかしいのです。が、不正は防ぎたい（郵貯なら一人一〇〇〇万円が預金の上限です）。そこで始めたのが「名寄せ」。住所や生年月日などの副情報を頼りに、同一人を確定し、一つに集めているのがそれです。しかし、それでも混乱は防ぎきれないとして、戸籍名以外の預金を許さない、という指導が強まっています。だが、複名の禁止が本当に許されていいものなのでしょうか。複名の利用もまた、プライバシーを守る大切な手段なのではないでしょうか。

これが日本最初の具体的な「国民総背番号構想」で、実際八一年には所得の発生時に提示が必要な番号カード（グリーンカード制度）が発行される予定だったのです（中止）。

今、国税庁には総合課税の導入計画はなく、税の公平性の確保も通し番号による必要がないにもかかわらず、「納税者番号制」の導入を狙っています。一九九六年四月から独自に開発した「国税総合管理システム（ＫＳＫシステム）」が稼動を開始しましたが、国民が利用する番号にはなっておらず、その方法を模索する一方、厚生省（厚生労働省）の番号か自治省（総務省）の番号を利用することを検討しています。

先は読めないものの、納税者番号が他の番号システムとドッキングすれば、生活上頻繁《ひんぱん》に利用しなければならない番号カードとなることは確実で、この番号が一気に国民総背番号制の本命になることが予想されます。

基礎年金番号

社会保険庁が保有する三つの巨大ファイル（厚生年金保険者ファイル、共済年金ファイル、国民年金基金保険者ファイル）を統合管理し、一本化された一〇ケタの通し番号で、一九九七年一月から実施されているものです。一九九〇年に大蔵省が要求し、九二年に厚生省が応じたもので「納税者番号制」に利用され、将来、事実上の「国民総背番号制」に育てていく予定の番号制だったのです。

しかし、自治省がこれに対抗。九二年、住民基本台帳の番号一本化を打ち出すとともに、年金番号の欠陥《けっかん》（ＯＥＣＤの基準に適合しない点など）を指摘。九五年、芦屋、尼崎でのテスト運用が関西淡路大震災で計画倒れに終わるなど、混乱し、番号化そのものにもミスが多く、「国民総背番号制」に育つ前につまずいています。九五年、社会保険庁は自治省・自治労に対して「基礎年金番号はあくまでも年金分野でのみ使用するもの」と誓わされています。

自動車運転免許証番号

警察庁で運用しているオンライン・ファイルで、一二ケタのコード番号と片仮名で入力された氏名コードが振られています。氏名は戸籍名で、本来の読み方とは無関係に、一漢字に一種類の「読み方」を当てています。これなどは、戸籍名がコードの一種であることを示す、端的な例でしょう。この番号が不気味なのは、他のどんな個人情報とリンクしているのか、全くわからないことです。

「警察も例外にはしない」という世界の個人情報保護の流れを完全に無視しているのです。保有自動車のナンバーや車庫証明、違反記録、事故記録とリンクしているようですが、住民票の住所とリンクさせるため、住所変更の届が遅れた者を「公正証書原本不実記載」で逮捕する、などということが起きています。

免許証が身分証明書代わりに利用されていることをいいことに、これを住民票と一

「人の住所と人権」

人にはいくつかの住所がある。別荘を持つ人、会社のほうが住所らしい人、あっちの愛人こっちの愛人、きっちり二分の一で暮らす人……。住民登録証の住所を一つにしているのは、二重給付などを防ぐ役所の都合による（これを一住所主義という）ものだ。また、それぞれの法律に出てくる住所とはその法律にふさわしい解釈を施された住所のことで、住民登録地を意味するものではない。したがって、自動車免許証の住所も住民登録地である必要はなく、これが違うことを理由に逮捕するのは不当逮捕そのものであるというほかはありません。警察は起訴できないことを承知で逮捕しているのです。が、こうした不当を許すと、本当にこれで起訴される時代になってしまう。が、複住所の禁止が本当に許されていいものなのでしょうか。複住所の利用もまた、プライバシーを守る大切な手段なのではないでしょうか。

体化させ、あらゆる捜査情報のキー・コードに利用している可能性も大きく、情報公開が必要です。また、運転しない人にも身分証明書代わりに持たせよう、という動きもあるようです。

運転免許証には運転とは縁のない「本籍」が記載されていて、他人の目に触れ、人権を脅かされる恐れ（外国人差別・部落差別のほか戸籍・住民票の不正取得の材料になる）があります。レンタルショップで簡単にコピーされてしまっている現状もあり、免許証の記載事項から本籍欄を削除すべきです。

自動車登録検査ファイル

自動車登録ナンバーと車検情報のファイルで、運輸省陸運局の自動車登録センターが管理しています。ご存じとは思いますが、地名（数字つき）と七ケタのコード（ひらがな一文字のほかは数字）からなっており、車検証に記載された情報のほか、使用者の産業や車両の本拠地などが登録され、この情報は即、警察署のほか総務省、法務省、国土交通省、などに提供（コピー配布）され、それぞれの自動車関連業務に利用されています。

その利用法の中には、自動車の走行状態を把握する秘密のナンバー読み取り装置（Nシステム）も含まれており、高度情報化社会＝超高度管理社会の恐ろしさをまざまざと実感させるものもあります（Q24・二一〇ページ参照）。

また、このナンバー情報は自治省が音頭をとって設立した「地方自治情報センター」にも提供（磁気ディスクの送付）され、ここから自動車税の課税資料として都道府県に流されます。これは大蔵省（財務省）の頭越しに地方が手にした唯一の徴税システムです。もっとも、地方自治情報センターの位置づけが、いまひとつ明確ではない（民間であれば個人情報保護法の規制が届かない）点があり、この同じセンターが、住民基本台帳ネットワーク・システムの全国センターになるということの裏に、なにが隠されているのか、国民総背番号制の行方を監視する上で、重要なポイントのひとつであると思われます。

学籍簿・内申書

義務教育が行き届いている日本では、この学校関係のファイルもまた巨大ファイルになりうるものです。ただ、現在は文部科学省の指導のもと、都道府県教育委員会が統一様式を決め、学校単位で管理しているところが多いようです。この中で、プライバシーに関係する重要ファイルがふつう学籍簿《がくせきぼ》といわれている「学習指導要録《がくしゅうしどうようろく》」と、「内申書《ないしんしょ》（これも正式には調査書）」です。

学習指導要録は指導のための覚書と、外部証明のための原簿からなり、卒業後二〇年間の保存期間が定められています。ところが実際には廃棄されず、永久保存のような形になっており、警察の捜査資料などに突然利用される、といったことがあるようです。

また、内申書は選考の資料として提供する個人の評定記録です。どちらも、学校内での活動に対する学校長の評価が含まれており、評価に混乱をきたす、という理由から、本人には開示しないデータ・ファイルだとされてきました。

また、その記載内容をめぐる裁判では、政治活動に関するマイナス評価の限度が争われました。最高裁は一九八八年、この評価を容認しましたが、その時点でも国際的なプライバシー保護の水準に当てはめれば、とうてい容認できない判決だといえます。

政治活動という、個人の信条にかかわるものを、本人には内緒《ないしよ》で（つまり訂正権も保障せず）公簿《こうぼ》に記載し、受験先の学校に提供したわけで、こんなことが許されていいはずがありません。学籍簿、内申書はいずれも、センシティブな個人情報です。マニュアル・データだとはいえ、第三者に提供されるデータである以上、本人のアクセスを認めるのは当然のことです。日本の教育界の超権威主義と超管理主義はこの国の人権を極めて危ういものにしています。

アメリカでは一九七四年の連邦法で一八歳未満の場合は親に、一八歳以上なら本人にアクセス権が認められています。

学校保健等

学校で発生するデータ・ファイルで重要なものに、健康診断ファイルや知能テスト、

内申書裁判

現在、社民党の衆議院議員である保坂展人さんが中学生だったとき、その内申書に「過激な政治活動をした」などの政治活動の評価が記載され、進学にあたって不利益をこうむったことから起こされた裁判が内申書裁判と呼ばれるものです。一審では「思想信条の自由」「教育を受ける権利」を侵害するものとして、記載は違法・違憲とされましたが、高裁、最高裁はこれをひっくり返してしまいます。判決は確定しましたが、最高裁の姿勢を全面的に支持するものはもうほとんどいないでしょう。本人にも見せず、訂正権を保障しない（しかも第三者には公表する）ような個人情報があってはならないからです。その後、内申書をめぐる裁判は増えており、裁判になると個人アクセスを認める学校が続出しています。

学力テスト記録があります。これらが統計に利用されるだけならプライバシーの問題は起きませんが、その保管状況、利用状況は常に監視が必要です。

特に学校検診《がっこうけんしん》のデータは、厚生労働省で乳幼児検診や事業所検診の記録と連結し、各人の生涯検診記録として管理しようとする考えがあり、これと健康保険証とをコンピュータでリンクする計画は、病歴の管理を意味し、問題です。

障害者によるプライバシーを守る運動のきっかけとなった保安処分《ほあんしょぶん》（Q9・七三ページ参照）と同じことが、ここから発生するからです。病歴をつかまれ、流布されると、政治家でもレームダックになり、ダメージは取り返しがつきません。

図書館貸し出し記録

これも各図書館ごと、あるいは自治体ごとの管理なので、巨大ファイルとはいえません。しかし、読書内容という、その人の思想信条や内面の形成と深くかかわるセンシティブなデータであると同時に、すでに多くがコンピュータ化されているため、その扱いは重要です。

アメリカでは図書館倫理綱領のほか、三六州の州法が記録の開示禁止を定めていますが、日本では全国図書館連合が倫理綱領を定めたに過ぎません。そして、この綱領は一九九五年、あっさりと破られました。オウム真理教の捜査を理由に提出を求めた警視庁に対し、国立国会図書館が応えてしまったからです。

「レーム・ダック」

lame duckと書き「足のなえたアヒル」を意味します。再選されないで、残りの任期を務めている大統領や議員のことをこう呼び、影響力を失い「死に体」になった状態を指すのです。同様に、重病で引退（あるいは死）が予想される政治家は影響力を失い「レーム・ダッグ」となるので、それを恐れ、病状を隠したり、外国で密かに加療する、ということが行なわれています。

早急に法的保護が図られなければならないでしょう。

他のコンピュータ巨大ファイル

「出入国管理《しゅつにゅうこくかんり》（日本人、外国人別）」「不動産登記」（以上、法務省）、「債権管理」（財務省）、「（国民健康保険）被保険者」「（労災保険）被保険者」（以上、厚生労働省）、「簡易保険加入者」（総務省郵政庁）、「犯歴簿票」（法務省）などが政府が保有するコンピュータ化された巨大ファイルです。これに特殊法人や政府系機関、地方自治体のファイルを加えるとその情報量は大変なものになります。

また、公共機関とはいえませんがＮＴＴ、全国銀行協会の個人信用情報センター、全国信用情報センター連合会の日本情報センター、クレジット会社系の信用情報センターなどが保有する個人データは政府保有の個人データに劣らず膨大なものです。個人情報保護法を改正し、民間にも適用しなければなりません。

ＮＴＴ番号発信サービス

ＮＴＴの電話加入者ファイル（約五千万件）はそれ自体、契約、料金、転居情報を含め、きわめて詳細な個人情報です。と同時に、そのナンバーはさまざまなデータ・ファイルのキーナンバーに利用されている現実があります。だから、電話帳をディスクに納めただけの商品が出回るのです。実はこれ、一九八九年にＮＴＴ自身が商品化する計画だったものです。しかし「電電公社」の立場で集めた情報を商品化することに総務庁が待ったをかけた経緯《けいい》があるのです。そしてこれに次ぐ商品化構想が「発信電話番号表示サービス」なのです。

電話をかけると相手方に番号が表示されるシステムで、迷惑電話の撃退をうたい文句にしていますが、本当の狙いは企業や商店などの顧客管理向けに表示可能電話機を販売することでした。企業、商店などがこの番号表示を利用して顧客情報を構築する。その手助けを商売にしたわけです。

その結果、企業、商店などのコンピュータに大量の個人情報ファイルが形成されました。何の規制も受けず、何の情報保護システムも確立されないまま、個人情報がたれ流される。ハッカーの恐れもあれば、企業自身が構築した個人情報を売買する可能性も否定できない。防衛のためにはNTTに表示拒否を通告するほかはない（ダイヤルの前に一八四をつけても拒否になる）というのですから厄介な話です。

国勢調査

これ自体はファイルではありませんが、調査に付属して、いくつかのファイルが作られます。世帯番号を記入した地図、記載内容の正確性を追跡するリスト、などで、それがどう始末されるのかは明らかではありません。が、それはともかく、まず、調査そのものを考えてみます。

システム・ソリューション

コンピュータを使って課題解決のためのシステムを構築することをシステム・ソリューションといい、専門会社がいま大受けに受けています。その受けているソリューションの一つが顧客管理。掛かってくる電話を受ける前に、番号から相手の家族状況や趣味、嗜好などすべてがモニターに表示され、だれでも相手に応じた応対ができるというものがほとんどです。前に買った化粧品がそろそろ切れるころ、妻はクレームをつける常習者、○○のファンだから××を売り込むよう、などの指示も出されます。このデータは電話番号を頼りに雪だるま式に蓄積されていくのです。このデータはまた、法規制がなければ売買される可能性もあります。

これは統計法に基づく「指定統計」の代表的なもので、五年ごと（西暦で末尾ゼロの年は大規模調査、その中間年の末尾五の年は小規模調査）に行なわれます。指定統計中、唯一の悉皆（しっかい＝全員）調査で、総務省統計局が担当しています。統計が目的なので、個人データとは異なりますが、「個票（調査票）」は記名式で、全世帯に通しナンバーが振られており、事実上の世帯総背番号が導入されているといえます。プライバシーや人権上の問題が多い内容であるにもかかわらず財界の一部に個票の利用を求める声があるなど、いつ個人データに転用されるかわからない危険性を持っています。他の統計同様に抽出調査とするなど、抜本的な見直しが必要です。

政府はよく、国連の要請だと説明しますが、これは嘘です。国連の要請は一〇年に一度の人口調査で、日本の場合これは調査しなくとも、常時（住民基本台帳制度と外国人登録制度により）、世界一の精度で把握されているといえます。

指定統計

統計法に基づく調査で、国勢調査や人口動態調査もそのひとつです。現在行なわれている指定統計は通産省関連一六、総務省関連一三など、計六二。これらの統計資料についても、個人データの集積にならないよう、厳重な監視が必要ですが、日本の個人情報保護法では監視機関が独立機関ではなく総務省が監視機関になっているという問題があります。

「コンピュータ合理化研究会」

「国勢調査の見直しを求める会」

ここは五年ごとに行なわれる国勢調査に対して、ホットダイアルを開設し、疑問の声に答えたり、常設のホームページを設けたりしています（電話〇三－五二六九－〇九四三）。

URL：http://www.ringo.sakura.ne.jp/˜kokusei/

また、指定統計は政府統計のごく一部に過ぎません。ちなみに、インターネットで公表されている統計調査を調べてみると、「ア」から始まるものだけで四三もありました。こうした統計の中には、一九七一年、七五年、「障害者の意思を反映していない」として東京都などが中止した「心身障害児社会調査」や、八四年に半数の都道府県が中止した「精神衛生実態調査」(いずれも厚生省)、多くが中止した八五年「精神薄弱者雇用調査」(労働省)、同年の「売春行為者に対する実態調査」(厚生省)などが含まれています。

厚生労働省の統計は指定統計より、一般の政府統計(「各種調査」と称し、統計法による協力義務はない)を多用する傾向にあり、プライバシーが二の次になる恐れが強いので、注意が必要です。

統計法による申告義務と罰則

国勢調査も統計法による調査で、申告を命じられた者がそれに応じなかったり、申告を妨げた者は「六箇月以下の懲役若しくは禁錮又は一〇万円以下の罰金に処(一九条)」せられることになります。が、前段はあくまでも申告を命じられたもので、世帯のだれに命じるかという難しい問題もあり、命じることのないままに調査が実施されています。したがって、「罰則がある」という調査員の説明は脅迫で、違法です。ただし、後段の妨害に対しては罰則が発動される可能性(発動されたことはない)はあります。

プロブレムQ&A

III

国民総背番号制の背景

Q15 国民総背番号制って、いったいどこが危険なんですか？

「国民総背番号制」って悪の代名詞みたいになっています。たしかに巨大ファイルに見張られるのは怖いけれど、他の巨大ファイルとどこが違うんですか。

総背番号制の脅威

プライバシーとは何か、個人データはどうして保護される必要があるのか。それが理解できたとしても、それだけで国民総背番号制《こくみんそうせばんごうせい》の危険性が語り尽くせるわけではありません。というのも、国民総背番号制とはその人間を利用しつくすことを可能にするためのデータ収集方法で、はじめから個人の自由とか自己決定権とは無縁《むえん》な、権力による遠慮《えんりょ》ない人権侵害をもたらすものだからです。

国民総背番号制とは、すべての国民に漏れなく重複することのないコードを振り当て、このコードを手がかりに可能な限りの個人データを集積して、人々を管理していこうとするものです。ここには番号なので個の属性《ぞくせい》を無視した処理ができるために、能率的（非人間的）な管理が実行できることと、個の属性を限りなく細分化して再合成できるため、個別的（緻密《ちみつ》）な管理が実現できること、の両側面があります。

これまで見てきた個人データ・ファイルもふつう、番号を付けられ、処理されていますが、この番号はなお、あくまでも仮の番号で、その向こうに人格の影が残っているものです。それらのファイルでは、人名が不可欠で、番号はその付属物ですが、国民総背番号においては人名が不可欠とはいえません。人名が記載されていても、それは番号の付属物に過ぎないのです。

このわずかでありながら、決定的に違う事態がどうして起きるのか、うまい説明ができるのは実存主義哲学《じつぞんしゅぎてつがく》ぐらいでしょうか。マルクスの疎外論《そがいろん》、物象化論《ぶっしょうかろん》でもなんとかできるかもしれません。でも、ここではそれはやりません。わざわざ説明はしなくてもみんなそれを知っているからです。

人は番号に対して愛着を持つことができず、そこに自分の人格を投影することができません。ケタ数が多ければ記憶することもむずかしい無機質なものです。名前の代わりに番号を付けられ、番号で呼ばれる。それは人格を否定され、無機質な対象として扱われることです。

だからどこの国でも囚人には番号をつけ、番号で呼びます。人格を否定することは、収監《しゅうかん》と同様、社会性を奪う刑罰のひとつとして機能します。人は番号で呼ばれることで、管理される対象となり、主体性を失った客体に成り下がります。番号で呼ぶ者の前ではあくまでも裸で無力な、なされるがままの素材に他ならなくなってしまうのです。

名前より優先する、このような番号を、ここでは「背番号」と言っておきます。

「背番号」には付けた側、付けられた側、呼ぶ側、呼ばれる側に支配・被支配関係が生まれます（似たことは名前にも言えますが、名前には自己のアイデンティティーを投影できる基礎があり、それを足場に支配を覆《くつがえ》す意欲が宿る場ともなります）。その結果、人間関係の間に、人格を剥離《はくり》した支配＝被支配心理が醸成されるのです。

これを直感的に知っているからこそ、人は番号で呼ばれることに反発を感じ、名前を知っていながら番号で呼ぶことを失礼だと考えるのです。「人間を商品のように管理するとは何事だ」という主張も、このような心理を反映したものだといえるでしょう。

でも、このような状態に慣れてしまうと、人は無機質な対象そのものに近づき、呼ばれる側は自己を見失い、呼ぶ側は相手を自由な処分対象だとみなすようになります。背番号が人名にとって代わってしまうように、個人データの集積がその人物にとって代わってしまうのです。

背番号の効果

人に背番号を付与する効果は、効率的な管理にあります。効率の中身はいろいろですが、野球選手の背番号の場合、広いグラウンドで選手を識別するのに都合がいいからで、このような番号を、ふつうは「便利」だと称します。しかし、この番号はまだ、選手名をサポートするもので、選手名が常にアナウンスされることが前提にあります。

それに対して、ここで問題にしている「背番号」も管理する側にとって「便利」であることは同じですが、人名をサポートするものであることを超えてしまっているため、次のような効果が派生《はせい》（むしろこの効果を狙ったものが多い）することになります。

(1)背番号（コード）管理は管理する側、される側、それぞれの心をゆがめます。

(2)背番号をつけられた側は屈辱感《くつじょくかん》を感じ、やがては無力感から卑屈《ひくつ》になります。

(3)番号により集積される情報は人格を伴わない類型化されたものに限られます。

(4)類型データが時間的に集積されると、人の歴史（経歴）が捏造《ねつぞう》されます。

(5)類型データが空間的に集積されると、人の活動と動機とが捏造されます。

(6)類型データが時空間的に集積されると、人は完全な素材として処理されます。

囚人を番号で呼ぶのは(2)の効果を狙ったもので、軍や学校で「整列！　番号」とやるのも、管理を目的にしながら(2)の効果が派生したものです。

(3)は分類、カテゴライズ、ラベリング、などによる人の属性（一面）の類型化で、このように区分された個人はもう、個人そのものではありません。このような属性をいくら多面的に集積しても、個人は決して再合成できません。しかし、それがあくまでもその人を表示するものとして扱われる（だから「便利」なので、そう扱われないことはない）から、(2)や、(4)以下の効果が生まれるのです。

ラベリング（レッテル張り）がいじめの常套手段《じょうとうしゅだん》であることを考えれば、背番号と同様の屈辱感が類型化にも伴うようです。

「コンピュータによる便利さとは」

コンピュータを利用して便利になるのは、もの（人を含む）を類型化して処理するという、人格とは遠い、よそよそしい（疎外された）作業やサービスにほかなりません。かつて、コンピュータによって浮いた人員を人間的な仕事にまわす、という約束は完全に忘れ去られ、本来の人格的で親密な配慮（思いやり）は、消滅しようとしています。

また、これらの人格を伴わない類型化された情報が時間的（タテ）に、空間的（ヨコ）に集められると、人格はいっそうの危機に直面させられます。

タテの統合情報は保安処分の材料になったりするし、ヨコの統合情報は、その人の現在の活動状況を映し出し、経済力から、思想信条、身体能力までが、勝手に推し量られてしまいます。

総背番号制というのは、このようなタテ・ヨコの情報を、統一のコードによってクリッピングすることを可能にします。コードはさまざまな情報を吊り下げておく鉤《かぎ》のようなものです。鉤にかけられたたくさんの札、これさえあれば、個人情報の照合は簡単にできます。それがコンピュータの特徴なのです。

コンピュータによる個人情報の管理を容易にするコード（鉤）として、私たちはすでに電話番号というものを持っています。関西の情報会社が、この番号簿をフロッピーに入れて売り出し、多くの人が利用していると聞きます。

番号簿の高度利用者は、その番号を手掛かりに、顧客情報の一括管理をしています。そこには相当に詳細な、地域密着型の個人データが蓄積されていると考えられますが、このデータがまた売買の対象となり、どこかに収集されないとも限りません。

電話番号でさえそうなのですから、国民総背番号制が生まれたらどうなるでしょう。というのも総背番号制は政府によってオーソライズされた基本コードで、だれもが必ず一個ずつ、持たされるものです。個人情報をコードによって管理しているすべての

「進む分散型情報管理」

ネットワーク・コンピュータの発達で、総背番号制のイメージは以前のものとは違っています。一つのファイルにすべての個人情報が集積されている必要はなく、必要なときに必要な情報が瞬時に集められればいいのです。またそのほうが、リアルタイムに情報を管理しやすいのです。ファイルが分散しているからといって、安心するわけにはいきません。

個人・機関が、この番号を鉤にして、自己のデータベースを構築したいと考えるのは当然のことでしょう。

その優位性を電話番号コードと比較してみると、国民総背番号には次のような特性があります。

●コードと人物との対応性が高い

電話番号は持たない者がいる。同じ番号を共有している人がいる。電話では複数の番号を利用する人がいる。

●コードの安定性が高い

電話番号はいつでも変更が可能で、変更に規則性がない。これに対し、総背番号制は変更が比較的困難（国によっては生涯不変）であり、また、政府によって管理されているという安定感がある。

したがって、たとえ法令によるガードがあろうと、何らかの形で、この背番号を入手したいと考えるのは当然であり、ガードが厳しければ厳しいだけ、番号情報の闇レートは高くなっていくことになります。

便利だという名目で進む情報活用者と、一方的なターゲット。出現する情報強者と情報弱者。コードによる情報の収集・照合は人権にとって脅威です。これを野放しにしておくことは許されません。もちろんガードがあれば安心、というわけにもいきません。

かつてあった総背番号制

人格を無視してまでも総背番号制を欲し、多くの個人情報を手に入れる権限を持った最大の情報強者が政府であることは言うまでもありません。そして政府が、総背番号制を最も効果的に活用するのが、戦時動員体制下にあるときだというのも、異論のないところでしょう。

国家はそれぞれに、戦時に備えた平時の情報ストックを構築したいと考えるものです。問題は、個人情報に関してそれを許すか許さないか、にかかっています。それが戦争に「便利」であることは確かだし、それが人間の尊厳を奪うことになるのも確かだからです。

かつて日本は、このような国民総背番号制を許したことがあります。次にそれがどんなものであったかを見ておきましょう。

職業や所有する田畑、牛馬までを登録した壬申戸籍は国勢の台帳でもありました。しかしそれが「家」の管理台帳に特化すると、別途、住所に関する登録（寄留簿《きりゅうぼ》）と、国勢の調査とを必要とするようになりました。が、それらは戸籍の補完とでもいうものでしたので、いずれも中途半端なものでした。

政府がこの限界解消に本格的に乗りだしたのは一九三八（昭和一三）年に入ってからのことです。この年の五月、物資や民力《みんりょく》を調達・動員する国家総動員法が制定され、

「国家総動員法」
一九三八年に出された戦時統制法の一つ。戦争遂行のため、人的・物的資源の統制管理を政府に委任した法律。つまりは戦争のため、政府はこの国の人や物を自由に利用する権限を手にし、人びとの自由が完全に失われることになりました。

物資や民力の調査・登録事業が急速に進み始めます。

そして「現下我国の情勢は国家総動員体制をいよいよ強化し、人的資源の有効適切なる統制運用ならびにその培養《ばいよう》確保を図ることを要す」として、第五回国勢調査（昭和一五年調査）が実施されます。

これは従来の人口調査を大きく踏み超えた「産業その他国勢の基本に関する」調査（これを「銃後調査《じゅうごちょうさ》」と称した）で、個人の技能、体力、能力などのあらゆる属性を「人的資源」として把握しようと試みたものです。

調査の中核は「指定技能」と呼ばれた八七の技能職種ですが、健康の状態を「甲、乙、丙、丁」に分類させ、「視力、聴力、形態異常、疾病異常」を細かく申告させるなど、障害者の排除を含む予備徴兵検査の側面を備えたものでした。

また、この年の一一月、厚生省を中心に「人口の適性なる配置を図るため国民の身分、技能、所在、移動等に関し常時正確なる基礎資料を必要とする」ことから、「国民登録局」の設置が追求され、厚生省の動員台帳である「国民登録」と、戸籍、人口動態《じんこうどうたい》（戸籍窓口が集計する厚生統計）、人口静態《じんこうせいたい》（警察の戸口調査を基礎とした人口統計）、その他の諸制度（中心は国勢調査）の統合が画策されることになります。

しかし、当時最新鋭の電動積算機をフル稼働しても、戦局の急変には追いつけず、この第五回大規模調査は調査倒れに終わってしまいます。そして第六回調査を待つ余裕もなく、緊急調査が必要になってしまいます。これが一九四四（昭和一九）年の二月に実施された人口調査（臨時国勢調査で、これを「敵前調査」と称した）です。このとき同時に、前述の「国民登録」が全国民を対象に実施されますが、これこそが日本初の国民総背番号制であったといえます。登録の内容を列記しておきます。

住所、氏名、男女の別、生年月日、配偶者の有無

［就業の場所］

所在地、名称（又は使用者名）、就業所または営業事業種別、職業上の地位、現職の職業名、経験年数、主たる前職の職業名、経験年数

本籍、学歴、指定の学校および学科名、指定の技能者養成施設名、指定の検定試験免許名、職業または労務手帳の有無

世帯主と続柄、申告者が属する世帯の員数、身体または精神の障碍《しょうがい》状況

これによって、国民登録制度は人口調査（国勢調査）と合体され、五年に一度の定期調査である国勢調査データが、国民登録として常備されることになりました。しかし、この調査も、戸籍を超えて君臨するはずだった国民登録も、緊迫する戦局を前に、調査・登録倒れに終わり、なんの活用もされないまま、日本は敗戦を迎えるのです。

「この調査（臨時国勢調査）の結果できまする統計表はまず第一に軍動員、すなわち軍隊の動員計画を行なうのに使われます。次には航空機工業をはじめ戦争に重要な各

国連の人口センサス

国連は一九八〇年から一〇年毎の「世界人口・住宅センサス」の実施を勧告しました。センサスとは調査のことです。以来、日本政府は国勢調査を「国連の要請もあるので」と説明するようになっています。が、これはあくまでも人口と、住居のない人の数を調べるもので、国勢調査の内容とは関係がありません。

種の産業の産業戦士の徴用すなわち労務動員計画に使われます。この関係からいたしまして、同じ二二日に国民登録の申告が同時に行なわれるのであります」(内閣統計局長のラジオ放送原稿)

このように、敗戦の直前、日本政府が追求した国民登録制度こそ、国民総背番号制の典型的な利用形態のひとつである、といえるでしょう。この時は実際の利用には至らなかったわけですが、これが「もっと早く実施できていたら……」という思いは、政府のどこかにあったはずです。「もっと早く」とはすなわち「平時から、備えておけば……」ということです。

人を物として、人的資源として考えようとする発想は戦争につきものであることは事実です。「将棋の駒のように扱う」ということで、当時は「赤紙一枚、一銭五厘。兵士は馬より遥かに安い」といわれたものです。実際、似たような調査・登録は他の交戦国でも行なわれています。

しかし、そのために私たちが平時から、まるで物のように扱われる。これが国民総背番号制の脅威です。そして、いったん、ことが起きたときは、国の計画に従って、勝手に配置され、消耗品のように殺されていく。これが国民総背番号制の究極の脅威です。今日、極めて高度になったコンピュータ・システムの下では、もう登録倒れになることはないでしょう。これが本格的に利用されるとき、それは悪夢です。

エンゲル係数

出費の中で食料費が占める率をエンゲル係数といい、これが高いほど生活が苦しいことを示していることは、よく知られています。このエンゲルこそ、日本が国勢調査を導入するに当たって、手法を学んだドイツの統計局長です。ドイツもかつては人口センサスを越え、国力を測る目的で国勢調査を実施していたのです。

Q16 総背番号制導入の動きはいつごろから始まったんですか？

戦争中に作られた国民総背番号制は未完に終わったそうですが、戦後、これを導入しようという動きはいつごろから始まったのでしょうか。

中山太郎私案

一九六八年、国民総背番号制の実現を掲げて「情報産業振興議員連盟」が発足します。これを提唱し、世話役として奔走したのが中山太郎（自民、参議院議員）で、その著書『一億総背番号』（日本生産性本部、一九七〇年）にはこう書いてあります。

「わが国には世界に冠たる戸籍制度が完備しているのだから、これを利用したらどうかというアイデアが浮かぶ。戸籍台帳を使って番号付けをするわけだ。そして本籍地で番号管理を行なう」

これは日本で最初に国民総背番号制について解説した本ですが、この背番号待望論は「初めに戸籍のコンピュータ化ありき」で、戸籍を疑う姿勢はつゆともうかがえませんでした。

しかし、政府の間ではもうすでにこのとき、戸籍とは一線を分かつ国民総背番号制構想が、戸籍をベースとする国民総背番号制構想とは別に、大蔵省を中心に進んでい

「弟が振り回した裏情報」

中山太郎の実弟・中山正暉建設相（当時）は、吉野川可動堰に反対する住民運動のリーダーに「逮捕歴がある」として、対話を拒否。この情報をどこから手に入れたのか、こうした公表が許されるのか、が一部で問題になりました。兄貴が提唱した総背番号制がなんの役に立つのかを、弟が実証して見せたような話です。

たのです。

つまり、この中山太郎が提唱した「情報産業振興議員連盟」ははじめから、戸籍をベースとする国民総背番号構想を進めていた法務省・自治省（旧内務省）の旗振り役として、その代弁をする議員連盟だったのかもしれません。しかし、ともあれこの議員連盟の発足によって、国民総背番号制が政治のタイムテーブルに載ったことは間違いありません。

この、国民総背番号制の二つの流れに踏み込む前に、日本の戦前・戦後の政府内部の権力闘争について、振り返ってみておかなければなりません。

日本の権力闘争

これは日本ばかりではなく世界中で言えることなのですが、行政（政治権力）は放っておくと、限りなく人々の情報を収集し、管理を強化しようとします。ある人に言わせると、これは「役人の本能のようなもの」なのだそうです。「本能」というのが生ぬるければ「業《ごう》」とか「宿痾《しゅくあ》」という言葉もあります。

けれども、わたしはこれを、癖《くせ》のような無意識の行動とは考えていません。人々の情報を握り、管理を強めることこそ、彼らの存在基盤を確かなものにする力の源泉だからなのです。彼らはそのことをよく知り抜いているからこそ、まるで本能であるかのように行動するのです。

「世界に冠たる」戸籍も、そのような者たちの手によって生み出されました。そして、まるで枕詞《まくらことば》のように語られる「世界に冠たる」という表現も、いわば役人たちの自画自賛。管理される国民の立場に立った言葉ではありません。

一八七三（明治五年、壬申の年）年に登場した戸籍制度は当初「大蔵寮」が所管し、行政の基礎統計資料として、歳出入の計画策定に利用されていました。ところが、これを親族管理の台帳に変え、支配の道具にしたのは陸軍省と内務省（所管は司法省、その後裁判所に移された）です。これによって、大蔵省は弱体化し、内務省が君臨する時代が始まります。大蔵省は国民管理という力の源泉を失ったのです。

軍が統帥権《とうすいけん》を盾に、国会を超越した権力になろうとすると、内務省は戸籍や町内会、警察による国民の実質的な支配を武器に軍と競い合い、軍と同様に国会を超越する権力を目指します。これが「大政翼賛会」で、これによって人びとは軍と内務省の二重支配下に置かれることになりました。

第二次世界大戦の敗北によって軍は壊滅し、内務省も自治省、警察庁、法務省出入国管理局などに分割され、解体されます。ＧＨＱ（連合軍極東総司令部）は、戦後日本の再出発に当たって、戦争遂行に軍と並ぶ役割を果たした内務省を排除したのです。大蔵省も次の解体の対象でしたが、かろうじて残されます。

軍や内務省が消滅した後、日本の政府、官僚組織を牛耳ったのは、予算の配分権を握った大蔵省でした。大蔵省は内務省に代わって「省の中の省」の地位を確保し、日

「大蔵による地方支配の構造」

自治省が支配する都道府県庁をパスして、各省が地方事務所（近畿○○局など）を設けるやり方を推進したのが大蔵省。これにより、各省は戦前の内務省詣でに代わり、予算確保のため大蔵詣でを余儀なくされました。ここに巣食って、中央とのパイプを誇ったのが田中派の権力基盤だったのです。

内務省V.S.大蔵省省庁変遷図

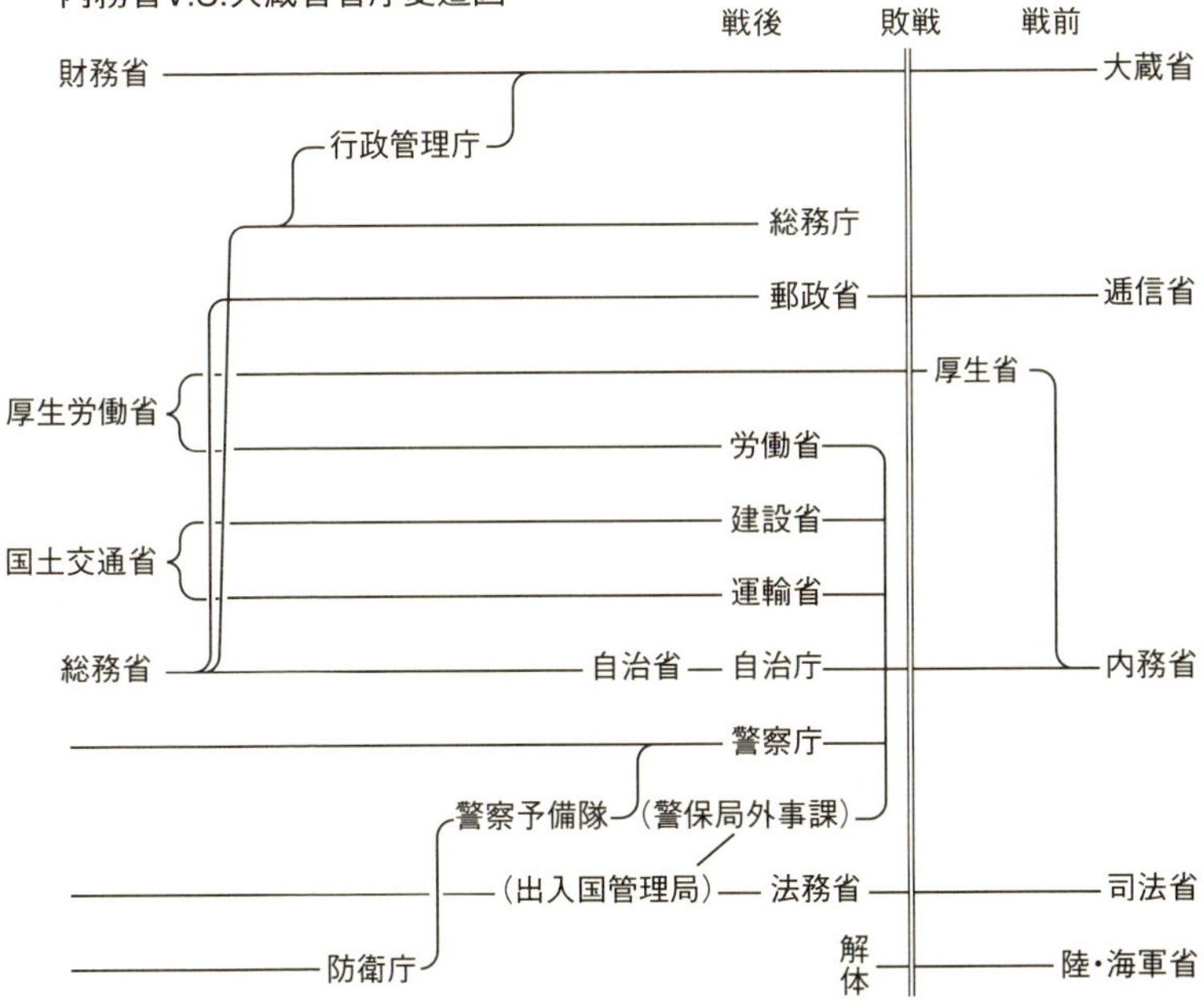

内務省ＶＳ大蔵省　省庁変遷図

戦後、ＧＨＱ（連合国総司令部）によって解体された内務省は、大蔵省に奪われた国政のトップの座を奪い返すため、内務省の復活を企てました。その一部が今度の行政改革（2001年の省庁再編）によって実現したのです。また、内閣官房における副長官ポスト（官僚最高位とされるポスト）を内務省で固め、安全保障室を確保したことで完全復活の足場を固めたのは中曽根内閣時代です。

本の政治をコントロールする実質的な権力として立ち現われます。

これに対して、自治省、警察庁、法務省出入国管理局など、旧内務省勢力は「アメリカによって分割され、弱体化された（アメリカに押しつけられ、日本の弱体化を招いた、とする現行憲法批判と同じ論理）」ことを不満とし、内務省復活を画策し続けることになります。

「戦前の夢よ、もう一度」という旧内務官僚（たくさんの人たちが暗躍したが、現在知られている人としては中曽根康弘、後藤田正晴、石原信雄など）たちの再三にわたる野望を阻止してきたのは、戦後の権力を自任する大蔵省でした。大蔵省は予算措置によって、「省の中の省」の地位を脅かす内務省の復活を阻止してきたのです。

この、戦後日本の大蔵、内務の見えざる暗闘は、やがて、両者に別々の権力基盤を手にする欲望を育てることになります。それが大蔵主導の国民総背番号制であり、内務（自治・警察・法務）主導の国民総背番号制です。この切り口から日本を見ると、それまで見えなかったたくさんのことが見えてきます。

パーフェクトを目指して

自治省を含む旧内務省の力の源泉は、地方および国民の掌握にあります。戸籍（民事局）と外国人登録（出入国管理局）とを手に入れた法務省は警察庁とともに、前述したように日本人・外国人を問わず指紋の採取を画策していました。

一九四九年には「国民指紋法」制定のため、衆議院法務委員会で論議が行なわれています。しかし、この法案は結局、日の目を見ず、五二年、外国人に対してだけ（外国人登録法）強制されます。もっとも任意の採取は警察庁を中心に積極的に実施され、東京都、和歌山県、島根県、山梨県、山口県などで相当の成果を上げています。また宮崎県では条例によって指紋押捺を義務づけました。

愛知県ではすべての中学三年生から指紋を採取、年中行事になっていましたが、六〇年代の末、これを「人権侵害だ」とする市民運動が形成され、七〇年に廃止されています。前記の各都県でもそれ以前に自然消滅（宮崎の条例は自治省からクレームがつき、廃止された）したようで、七〇年以降、このような採取運動を耳にしてはいません（捜査の必要から、と称して全校生徒の指紋をとった、という例はある）。

前述したとおり、在日外国人の指紋押捺拒否の運動がなかったら、政府（旧内務省）はなお、「国民指紋法」の導入をあきらめていなかったかもしれません。飽くなきパーフェクト管理の夢、これは今の行政権力の中にも厳然と存在し続けていると思われます。

揺らぐ大蔵省の徴税権

旧内務省の復活を阻止する大蔵省の力の源泉は言うまでもなく、財政・金融の一元支配、国家予算のすべてを掌握することにあります。なかでも重要なものが国民に税負担を課す課税・徴税権《ちょうぜいけん》です。大蔵省は唯一の徴税権力として、地方財政をも牛耳っている（地方に徴税権はなく、地方の税収は大蔵の徴税権に依存せざるをえない）のです。

ところが一九六〇年代後半、この絶対権力に陰りがさし始めます。それが自動車関連税の登場です。登録や車検に際しての徴税という方法は、地方が大蔵省の頭越しに徴税できることを示しており、実際、地方の財源として地方が直接徴収する形になっています。

自治省、警察庁、運輸省が地方と組めば、大蔵省の独占的な権力を飛び越すことができることを自動車関連税が証明したのです。

そして、本当に大蔵省の恐れていたことがやってきます。それが「納税庁構想」でした。大蔵省から徴税権を切り離し、自動車関連税の徴収と一本化した徴税体制を持つ役所を作ろう、という構想です。この構想の背後には自治省があり、納税を一本化する道具だてとして、コンピュータがありました。

自治省は六〇年代の後半に入ると、住民票と自動車登録検査事務のコンピュータ化を画策しはじめます。一九六七年、住民登録法が大幅に改正され「住民基本台帳法」になりましたが、この改正は住民票のコンピュータ化をにらんでのものでした。

また、自動車登録検査事務のコンピュータ化は一九七〇年に実現します。運輸省の自動車情報は警察庁と地方自治体とに即時提供（バッジシステム）されるのですが、地方自治体は直接これを受けとるのではなく、自治省のお声がかりで作られた外郭団体

石原都知事の新税の裏

石原東京都知事は都の財政再建策の一つとして、銀行をターゲットにした外形標準課税を導入しました。利益のあるなしに関わらず、事業規模によって課税するというもので、地方自治体が独自に財源を手に入れる、という意味で評価できるものだといえます。が、これもバックは総務省による財務省の弱体化を狙ったもので権力争いの一つです。旧自治省の一派は今、地方独自財源の確保を至上命令に行動しています。

これは自治省によって解散させられた）」に集約されます。

「地方自治情報センター」はこれを「自動車税情報」に加工し、地方自治体（都道府県）に配分するのです。同センターはこのほか「住民情報システムを含む情報処理についての標準システムや標準プログラム、オンラインによる情報処理システムの調査・研究、コンピュータ要員の養成」を業務とし、全国の自治体に浸透していくことになります。

自動車関連税は大蔵省の地方支配を脅かすものでした。この脅威はその後、大蔵省の分割案や、地方分権による地方財政の独立論として展開されます。大蔵省はそのたびにあらゆる政治力を使って、阻止に出ることになります。

この争いは結局のところ、人々の情報をいかに掌握し、いかに管理するかをめぐっての権力闘争だといえるでしょう。両省がそれぞれに打ち出した国民総背番号制構想は、国民をよそに、国民支配をめぐる、手前勝手な先陣争いに他ならないのです。そしてもちろんそれは、戦後日本の「省の中の省」をめぐる争いでもあるのです。

「地方自治情報センター（全身は全国市長会で作っていた地方行政近代化センターだが、こ

「道路特定財源の解除」

竹下派（現橋本派）は旧内務省（自治省等）とのパイプを強め、大蔵省の力を削いできました。総務省は順風満帆、財務省は先細り。その危機感を背景に、森首相を支える五人組打倒を目指して加藤の乱（担いだのは財務省である）が起きましたが失敗。予想外にも小泉の乱（財務省が担いだ人物ではない）が成功を収めました。財務省のチャンス到来です。そこで打ち出されたのが橋本派の抵抗が予想される道路特定財源の解除でした。車検から上がる自動車関連税は地方と道路とに使われ、財務省のコントロール外にあります。つまりは自治省（総務省）、警察庁、運輸省（国土交通省）など、旧内務省勢力の権力基盤になっています。財務省はここの切り崩しに掛かったのです。

Q 17 昔聞いたグリーン・カードって、その後どうなったんですか？

以前、グリーン・カード制というのができたはずです。買い物などにも必要になる、と聞き、ちょっと心配だったのですが、あの制度はどうなったのでしょうか。

総背番号制二つの流れ

グリーンカードのお話をする前に、二つの背番号の流れをまず説明しておきます。

一九六七年、住民登録法を改正し、住民基本台帳法（「徴兵台帳」として反対する声もあった）の制定に成功した旧内務省御三家《ごさんけ》は、住民登録の主務官庁を法務省から自治省に移すとともに、「戸籍をベースにした「国民総背番号制」を実現しようと額《ひたい》を集めていました。

おなじころ、自治省を中心とする旧内務省のコンピュータ支配の動きを察知した大蔵省は、予算の効率利用（安上がり行政）のための「行政統一コード（実質的な国民総背番号制）」を導入するよう、政府に進言しました。旧内務省の国民支配中心の「国民総背番号制」とは一線を引く行政サービスのための番号なので、「行政統一コード」という名称でなければならなかったわけです。

六八年八月、政府は大蔵省の進言を入れ、「電子計算機利用の今後の方策について」

「自治省も戸籍派だった」

自治省はこの間、戸籍コンピュータ化の完成に期待して、ずっと待ちの姿勢を続けていた。住民票も戸籍番号にリンクされる予定だったからだ。旧内務省グループにとって、戸籍番号（パーソナルナンバー）こそが「国民総背番号」でなければならなかった。

を閣議決定し、行政管理庁（現総務省）をキャップとする「関係七省庁会議」を組織します。関係七省庁とは行政管理庁、大蔵省、通産省、文部省、郵政省、科学技術庁、経済企画庁。ここには旧内務省御三家の自治省、警察庁、法務省はもちろんのこと、旧内務省系の厚生省、労働省、運輸省、建設省も含まれていません。

「行政統一コード」の導入にあたって、大蔵省は旧内務省系の管理官庁を注意深く排除したのです。七省庁（文部省を除く）は戦後力をつけた経済官庁ばかり。日本政府内の国民総背番号制に向けた歩みは、このように当初から二重の流れがあったのです。

六九年の末、この「行政統一コード」構想が新聞を通じて明らかになります。ところがマスコミはこれを「国民総背番号制」として大々的に報道。「プライバシーの危機」という論調で、人々の注意を呼び起こします。一九七〇年、「国民総背番号制」に反対する運動と、個人情報の保護を求める世論が高まり、「行政統一コード」の早期導入は頓挫《とんざ》します。そのため行政管理庁はしばらく隠密行動《おんみつこうどう》を余儀なくされることになります。

戸籍コンピュータ計画

法務省が目指した戸籍コンピュータ化計画は、日本人すべてに一三ケタの個人番号を振り、相互に親族、姻族が辿れるようにして、全国どこからでもボタンひとつで被相続権者のリストが打ち出されるようなオンラインシステムでした。七一年、法務総合研究所の梅田昌博（前法務省民事局第二課長補佐）の個人私案として、初めて姿を現わしたものです。

「私案」によれば、入力は「個人戸籍編製形態」をとり、家族・親族との連絡は戸籍番号（パーソナルナンバーとも呼んでいる）」によって行なう、というもの。これが事実上の総背番号です。また、この番号には規則性を持たせ、「コード表」を「閲覧《えつらん》に供する（戸籍の公開原則を疑っていなかったので）」ことになっています。

法務省はこれをたたき台に、一九七〇年代、八〇年代、二度にわたる戸籍コンピュータ化のためのプロジェクトチームを結成。細部の詰めを行います。

グリーンカード制の登場

「行政統一コード（大蔵省主導による国民総背番号制）」構想が世論の激しい反対にあうと、大蔵省は態度を一転させ「納税者番号制」の検討を開始します。「統一コードによる行政の効率化」については行政管理庁が進める「社会保険の仕事における統一個人コード」の研究に任せます。つまり「納税者番号」からスタートし、後に社会保険番号とドッキングさせて「行政統一コード」を作り出そうとしたわけです。

大蔵省は当初から、イタリア、オーストラリアなど、コードを納税事務に限定した「（本来の）納税者番号制」には反対でした。税務に限定された番号では、大蔵省が考える納税者を裸にし、金の流れをガラス張りにすることは不可能だ、と考えた（内務省グループとの対抗上も限定番号では弱かった）からです。

一九七八年、政府税制調査会が「納税者番号制」の提唱を行ないます。不公平税制を抜本的に改めるにも、不正納税者（脱税者）を根絶するにも、納税者番号制の導入が不可欠だというのです。

この年の暮れに「ダグラス・グラマン事件（航空機疑獄）」が発覚。翌七九年には、「鉄建公団疑獄」事件が明るみに出て、自民党の金権体質そのものが、有権者の激しい批判を浴びることになります。また、七九年八月の「新経済社会七か年計画」が八〇年からの一般消費税の導入を打ち出します。

相次ぐ疑獄事件は人々に「金の流れの透明化」「不正納税者の根絶」を、消費税導入（増税）は「不正納税者の根絶」「不公平税制の抜本改正」を求める声に結ばれます。これが「納税者番号制」への期待に短絡していくのです。

大蔵省も「納税者番号制」などという不粋《ぶすい》な用語を引っ込め、代わりに「グリーンカード制（少数貯蓄等利用者カード）」という名称を提唱。あれよあれよ、という間に〝国民〟の声は「グリーンカード一色」になってしまいます。これが「国民総背番号制」の一種であることを忘れてしまったのです。

野党である社会党・共産党も、この制度の導入を迫ることで自民党を追い詰めました。自民党もまた、金権体質批判をかわすためには、導入に反対するわけにはいかなかったのです。結局、この制度は自公民（自民党、公明党、民社党）の調整を経た後に成立。八四年から実施されることが決定します。一九八一年のことでした。

自民・自治省の巻き返し

当時、〝国民（その実態は源泉徴収されるサラリーマン）〟の「不公平税制」に対する不満は、源泉徴収されない商工業者や農民へと向けられました。と同時に、不正の温床となっていた高額預金者の利子所得にも向けられていきました。

大蔵省はこの不満に対するひとつの回答として「グリーンカード制」を打ち出します。直接はマル優（少額貯蓄非課税制度＝現在は廃止）の不正使用の防止ですが、将来は「総合課税」導入の受け皿になる、という触れ込みでした。総合課税によって利子所得にも均等に課税でき、グリーンカードの利用によって商工業者や農家の所得も完全に把握できる、というのです。

大蔵省は「グリーンカード・センター」となる五階建てのコンピュータ・センターを埼玉県朝霞に建設。八四年はカウントダウンを迎え、大蔵省の勝利は明らかなように見えたのです。「総背番号制」ではないか、という一部の批判（筆者も議員回りをした）は、野党にもまともに取り合ってもらえず、事態は絶望的でした。

ところが、実施を一年後に控えた八三年に事態は一変します。自民党と民社党の実力者、金丸信、春日一幸らが突然「グリーンカード制」を批判。「自由主義経済に逆行する」〝国民総背番号制〟で、実施すれば、管理を嫌う巨大な資金が海外に流出し、円が「金」や「外資建て債券（ゼロ・クーポン）」に化けてしまう、というのです。

この主張はあっという間に「自公民」を飲み込み、鳴り物入りで成立した制度が、実施される前に中止されるという異例の事態が出現しました。「自公民」によって、廃止法案が可決されたのです。金権体質を隠しおおすためなのか、自民党は大歓迎。大蔵省は一敗地にまみれます。

「自治省にやられた」

大蔵省は金丸信、春日一幸らの裏に自治省の影を見ていました。

大蔵省にチャンス再び

大蔵省の「統一行政コード」計画は自治省によって阻止されましたが、チャンスはまだ残っていました。「税負担を公平にするためなら、納税者番号制もやむなし」という声が、国民各層に相当浸透したからです。これはまた、納税者番号を取り込まない限り、国民総背番号制は完成しないということをも意味します。納税者番号だけが広く受け入れられ、利用されうる生活に密着した番号であることが次第に明らかになってきたからです。

一方法務省は一九九四年、戸籍法を改正（施行は九五年）し、戸籍事務のコンピュータ処理に道を開きます。でもこれは尼崎市や船橋市など、コンピュータ業者とタイ

「自治省にやられた！」

これが大蔵省のトップたちの共通認識でした。大蔵省主導の「行政統一コード」が実現すれば、旧内務省一派が研究している戸籍コンピュータ化計画はとん挫します。国民総背番号制は国に一つあれば十分（一つに統一されるからこそ国民総背番号なのだ）で、両雄は並び立たないからです。

アップした自治体が独自に進めようとしている戸籍事務のコンピュータ化にタガをはめ、将来の混乱を防ぐためのものでした。ここで一気に戸籍コンピュータ化が打ち出せなかったことは、かえって戸籍のコンピュータ計画が遠のいたことを意味しました。戸籍が超えなければならないハードルは多く、大蔵省の「統一行政コード」計画に遅れを取ることが明らかになると、旧内務省グループは戦略の見直しを迫られます。それが戸籍ベースの総背番号制構想の放棄と、住民基本台帳ベースの総背番号制構想の採用です。

ともあれ、「納税者番号制もやむなし」という強いエールを受け、大蔵省は、これまで比較的受け入れられやすいと考えてきた「福祉行政」に関する番号（年金番号）をアピールするより、直接「納税者番号」をアピールするほうが有利だと考えます。「基礎年金番号」の導入に当たっても、その第一の目的に「納税者番号制に利用できる」ことを挙げるようになったのです。先の七省庁会議の流れを持つ経済官庁は一九八九年に発足した政府税制調査会の「関係（一三）省庁連絡会議」でも、この主張を鮮明にします。

これに対して旧内務省トリオは、同連絡会議で北米型の年金番号よりも「北欧型の出生時に付番する方式のほうが望ましい」と対抗。これによって、北米型対北欧型の対立図式が成立します。

北米型・北欧型の行司役にあたった大蔵省は九〇年の「税制問題等両院合同協議会」

の土俵で「納税者番号としては社会保障番号（基礎年金番号）が望ましい」と表明して北米型に軍配をあげ、厚生省との連携を強めます。

抜け出した年金番号

一九九二年五月、社会保険庁はばらばらだった年金番号を「九五年に一本化する」と表明し、統一に着手します。対抗するように自治省も、同じ九二年九月「異動情報ネットワーク部会」で、住民基本台帳の個人番号を「九五年度をめどに一本化する」と発表。先行する社会保険庁（大蔵＝厚生連合）の北米方式になんとか追いつこうと焦ります。が、出遅れは決定的で、具体性を欠いたものでした。

一方、社会保険庁は自治省の追跡をあざ笑うように、九三年、「基礎年金番号は一〇ケタとし、九五年に実施する」ことを打ち出し、九四年四月には「九五年一月から基礎年金番号の利用実験のスタート」を決定。兵庫県の芦屋市、尼崎市を実験場に選びます。九七年の本格利用開始をにらんだ実験で、自治省は土壇場に追い詰められることになりました。

総合課税の先送り

九四年一二月、大蔵省は総合課税の導入先送りと、納税者番号制の早期導入の方針を決定します。しかし、　もともと納税者番号の必要性は、不公平税制の是正、すな

「政府内での厚生省の位置」

厚生省の前身は内務省で、本来、経済官庁ではなく管理官庁です。が、一九七〇年代前半に盛り上がった福祉国家への期待感の中で、厚生省予算が巨額化するにつれて、大蔵省の厚生省支配が強まり、大蔵官僚出身者が厚生大臣になるという慣例が生まれます。こうした中で「基礎年金番号を納税者番号として利用する」というシナリオが描かれていくことになりました。

わち総合課税（キャピタルゲインを含む）の導入を前提に、考えられてきたものでした。その前提であるはずの総合課税を「早期導入は困難」だとして先送り（事実上の断念）してしまったのです。「番号は欲しいが、お荷物は背負いたくない」という、虫がよすぎる話です。

実際、総合課税は徴収に多くの費用負担や人的手数を必要とする課税方式です。また、国民の過剰期待（あおったのは大蔵省自身だが）にこたえるパーフェクトな公平性を確保することは不可能です。

また、大蔵省は九六年四月、「国税総合管理システム（ＫＳＫシステム）」の稼働を開始。厚生省・自治省の北米方式対北欧方式の抗争が、どちらに決着しようと、イタリアやオーストラリアがやっているような「納税番号制」なら、自前でやれる体制を整えてしまいます。

「実際には総合課税は困難」

グリーンカードによって所得が完全把握されるのは少額預金者でしかないこと。商工業者や農民の所得把握には相当な費用（税金）が不可欠であること。これが伏せられていました。サラリーマンの不満が世界でも類を見ない不当な徴税法である「源泉徴収」に向かわないよう、できもしない（やる気もない）ことを約束したのでした。

Q18 欧米で先行しているとされる背番号制の実態を教えてください

欧米では番号化・カード化はあたりまえで、これがないと日常生活が送れない、と聞いたことがあります。日本も遅れるな、というのですがホントなんですか。

世界の背番号

行政の持つ個人データのコンピュータ化にあたって、政府がことあるごとに主張するようになったのが、世界各国のコンピュータ化の実情です。

国民総背番号制についても、世界の多くの国がすでに実施していて、急がなければ日本は世界の情報化の流れに乗り遅れる、という主張が繰り返されています。そこまでオーバーではないにしても、アメリカやスウェーデンなどはとっくに国民総背番号制を実施しており、効果を上げている。日本も急がなければ、というもので、これはマスコミでもよくお目にかかる論調です。

でも、それはいったいどこまでが本当なのでしょうか。また、そもそもしっかりした個人データ保護法を世界に先駆けて持つに至ったアメリカやスウェーデンと、それのない日本を対比するのが許されることなのでしょうか。そのあたりを点検してみることにしましょう。

普通、国民総背番号制を実施している国はアメリカ、カナダ、スウェーデン、デンマーク、ノルウェー、シンガポール、韓国だといわれています。学者によってはこれを北米型、北欧型、アジア型に分類する人もあります。

この分類に従えば、アジア型を除く北米型と北欧型は世界的に個人情報の保護が大切であると考えられ始めた一九七〇年代以前に成立している制度です。また、アジア型は人権に対する配慮を無視し、あえて超管理国家を目指した結果、形成されたもので、比較するには少々無理があります。

たとえば都市国家であるシンガポールが超管理社会であることはよく知られており、ごみを捨てても唾を吐いても逮捕されます。その厳しい裁きの犠牲になったアメリカ人やフィリピン人を保護するために、アメリカ政府やフィリピン政府が、国家として正式にシンガポール政府の非人道的な刑罰主義に抗議しているほどなのです。日本がこのような社会を目指すことはできない以上、シンガポールを例に挙げても意味があるとは思えません。

北米型と北欧型の大きな違いは、北米型が「社会保障（ソーシャル・セキュリティー・ナンバー）」を基礎にしていつのまにか形成されてきたのに対し、北欧型は「出生登録」に際して番号を付与し、番号管理を意図的に目指した、という点にあります。

したがって、その結果、北米型では未成年が付番されず、社会保障を受けていないために番号を持たずに暮らす成人（例えばケネディー家やロックフェラー家の人たち）がいるのに対して、北欧型ではすべての国民（外国人、王族については不明）が番号を持っていることになります。また、北米型は総背番号を意図したものではないので、一人に複数の番号が振り当てられていたり、一つの番号を複数の人が共有している場合も少なくありません。

こうした番号を国民総背番号制のモデルにし、宣伝しているのは日本の政府（それに近い学者）だけで、そもそものことが世界の常識とは異なります。つまり、狭義の国民総背番号制というものを考えるとすれば、それは北欧型とアジア型だけになるのです。

また、北米型はナンバー付きの、いわゆる「ＩＤカード（身分証明書）」を発行しており、この利用度が非常に高いため、出生時から社会保障番号の申請をするのが普通になっているけれど、これはいわば慣習で、法が強制しているわけではありません。この「カード提示」が慣習化されているため、社会保障番号があたかも総背番号制のように見えるだけなのです。

これに対して、番号管理を意図し、付番を強制している北欧型では、カードを発行していません。強制付番した「背番号」を、カードで携帯させ、提示させるということはプライバシーを危機にさらすこと以外の何物でもありません。したがって、国民総背番号制を持つ北欧では、カード管理など考えられもしないことなのです。

このほか、国民総背番号制を実施している国として、フランス、オーストラリアを

背番号と総背番号

アメリカの社会保障番号のようにナンバーつきのカードも背番号の一種です。が、これと総背番号とは決定的に違います。総背番号とは国民の一定層（成人に限ったり、外国人を除外したりしてもＯＫ）にもれなく振られた重複しない番号のこと。その人には名前に代わる固有の番号がある、と他人が予測できることがポイントです。したがって、日本にも固有のナンバーが振られ、ＩＤカードとして利用されているものとして、自動車運転免許証、国民健康保険証、パスポートなどがありますが、これらも背番号の一種ではありますが総背番号ではありません。

加える学者もいますが、フランスの場合は出生時に付番する社会保障番号を、他の行政部門が共用しているだけで、本人に通知されることもありません（当然カードはない）。一九七八年、内務省がカードの発行を企てますが、八一年、ミッテラン政権がこの計画を撤回。現在に至っています。これを国民総背番号制というにはあまりにも無理があります。

また、オーストラリアの場合も、単なる納税番号で、これを社会保障番号としても利用しているにすぎません。一九八六年に、これをもっと活用するため「オーストラリア・カード」の発行が計画されますが、国民の強い反対にあって、中止に追い込まれています。

いったい日本政府が言うような総背番号制は、どこの国にあるというのでしょうか。あえて言うならば、シンガポールだけです（マレーシアもほぼシンガポール同様のシステムだが、地方支配力が極端に低いため、利用には限界があります）。

以下、各タイプの代表として、アメリカ、スウェーデン、韓国の国民総背番号制（広義の）について説明しておきましょう。

アメリカ合衆国

失業保険、生活保護の受給資格を確認するため、一九三六年に導入された社会保障番号で、紙製カードを発行しているために「便利だ」ということから、他の役所や民間が利用するようになったもの。アメリカには戸籍や住民票に当たる管理台帳がないため、氏名や住所の確認手段を持ち合わせていません。そのため、各種ローンやクレジットカードの申請時に提示を要求されることが多いのです。しかし利用に当たってはプライバシー法、社会保障法などによって厳しく制限が課されています。

前述したとおり、この番号はそもそも全国民に強制付与されるものではありません。不便を覚悟すれば提示拒否は可能なもので、厳密な意味でこれを国民総背番号制ということはできません。日本の政府やマスコミの説明は不当なのです。

その証拠に、アメリカ政府は一九七一年、七三年、七五年と、社会保障番号を全住民のＩＤ（国民総背番号）にしようと企てましたが、「個人の自由と主権在民」の主張に敗れ、そのたびにかえって厳格な個人情報保護法の制定に追い込まれています。その後、カーター、レーガン、クリントンの各政権は、政権に就くに当たって「全国民を対象とする身分証明制度（国民総背番号制）の導入には反対する」との声明を出しています。日本に伝えられているアメリカの情報がいかに不正確なものかは、このことを見ても明らかです。

スウェーデン

北欧は打ち続く過疎（労働力不足）対策として、コンピュータによる国民管理に踏み出しました。ノルウェーが一九六六年、スウェーデン、デンマークが一九六八年のことです。導入の狙いのひとつが「高福祉・高負担」の北欧型社会主義の実現で、確実な手当ての支給と財源の確保が国民総背番号制導入の口実にされました。

これによってスウェーデンは住民登録に似た制度を手に入れ、戸籍に似た出生時点での父母登録を確保しました。といっても、それは生活実態の登録であって、生物学的な、あるいは法律上の親族関係にとらわれたものではありません。

スウェーデンは子の養育の第一義務者は国家社会だとしており、両親の登録はこの義務を強制するためのものではありません。したがって、スウェーデンの「高福祉、高負担」政策の前提として、コンピュータによる両親登録があるわけではありません。「高福祉、高負担」を維持するには総背番号制が不可欠という主張には飛躍があります。両者は別なものなのです。

スウェーデンはこの国民総背番号制を導入するにあたって、世界の先駆けとなるような個人情報保護法（データ法）を制定。データ検査院をもうけて不正利用を監視しています。プライバシー保護の意識が極めて高いのです。

しかしそれでも、日本の戸籍制度の親族情報にはるかに及ばない両親情報（事実婚を差別していないので、婚外子差別もない）の公開でさえ、プライバシーの重大な侵害に当たる、として国の内外での批判が強く、前述の「ヨーロッパ個人情報保護条約（CE個人情報保護条約・EU指令）」にも違反している、と指摘されています。子の出生の秘密を守ることはなによりも優先されるべきものなのです。

北欧はＥＵに加盟するにあたって、多くの条件をクリアしなければなりませんが、このＥＵデータ保護指令を満たすことも大事な条件のひとつになっています。スウェーデンも現行の国民総背番号制を廃止する方向で、ＥＵ入りを決断している、といわれます。北欧型管理社会は出直しを迫られているのです。

大韓民国

日本の占領中の置き土産である戸籍はあるものの、民族の分断（南北朝鮮、在日、中国朝鮮自治区、ロシア沿海州→中央アジア）で、親族情報はあまり役に立たず、日常の管理は住民登録（これも日本を真似たもの）によって行なわれています。これに通し番号が打たれ、紙製の「住民カード」が発行されるようになったのは一九六二年のことで「北からのスパイ防止」を名目にしたものでした。この時、同時に住民登録に指紋押捺が義務づけられています。

一九九八年、このカードをＩＣカードにし、コンピュータ端末による住民管理を実施するため、済州島で実験し、翌年、全国民に適用する計画でしたが、金大中大統領が反対運動にこたえて見直しを指示。不況で財政も苦しくなったため、九九年一二月六日、白紙撤回されました（翌年、廃止法案が成立しています）。

なお、朝鮮は李氏朝鮮時代の一五世紀にカード管理が実行された（号牌法）ことがありますが、人々の激しい抵抗によって中止に追い込まれた歴史を持っています。南北分断という状況と「スパイ防止」という目的がなければ、紙のカード化も困難だったと思われます。なお、今日でも指紋に対する反対運動には根強いものがあります。

ちなみに、戸籍廃止運動も女性たちを中心に広がっており、全斗煥大統領時代に廃止が約束されたことがあります。戸籍反対の主張は「日本の遺制である」ことに加え、「家父長制の温床である」こと、などです。

世界の背番号制

	北米型		北欧型		アジア型			
①国名	アメリカ	カナダ	スウェーデン	デンマーク	韓国	日本（予定）	フランス	オーストラリア
②実施時期	1936 年	1964 年	1968 年	1968 年	1982 年	2002 年？	1941 年	1989 年
③人口	約 2 億 5791 万人	約 2875 万人	約 875 万人	約 519 万人	約 4457 万人	約 1 億 2700 万人	約 5753 万人	約 1766 万人
④付番対象者	すべての社会保険対象者及び希望者	すべての社会保険対象者及び希望者	国内に居住するすべての個人	国内に居住するすべての個人	すべての韓国国籍保有者	住民登録を持つすべての個人	フランス国内で生まれた者	社会保険対象者及び所得税納付者
⑤付番主体	社会保険庁	人材管理開発省	国家租税委員会	内務省中央登録局	内務部	総務省	国立統計経済研究所	国税庁
⑥付番時点	出生時及び申請時	申請時	出生時（外国人は移住時）	出生時（外国人は移住時）	出生時	出生時	出生時	申請時
⑦カード交付の有無	紙製カード	プラスチック製カード	カードなし	カードなし	プラスティック製の住民登録証	希望者にプラスティック製のＩＣカード	カードなし	カードなし
⑧プラバシー保護措置	プライバシー法	プライバシー法	データ法	データファイル法	個人情報保護法	包括保護法なし	データ保護法	プライバシー法
⑨センシティブデータの特別規定	なし	なし	あり	あり	あり	なし	あり	なし
⑩筆者による備考	総背番号化を試みたが反対され、総背番号にはしないと約束させられている	ほとんどアメリカに追従している。	ＥＵ加盟の条件の一つとして、見直しを迫られている。	現在のところ、ＥＵ指令には従っていない。	ＩＣカード化が決められたが、実施直前に廃止された。	最悪の韓国よりも⑦～⑨で危険な世界に例を見ない制度。廃止しかない。	ヴィシー政権が導入したもので、国民の支持はない。カードの導入も廃案になった。	カードの導入は反対にあって中止された。

Q19 番号をめぐって政府間に権力闘争があったと聞いていますが……

納税者番号制をめぐって、時の厚生省と自治省との間で綱引きがあったと聞きます。一説には大蔵省と自治省の権力争いだ、とも。真相を教えてください。

戦後日本の転換点

Q17で触れたように、社会保険庁の年金番号の一元化の決定で追い詰められた自治省は、自治労と組んで年金番号の一元化に対して「地方公務員共済」の統合を認めない、という搦手《からめて》を使って抵抗します。また、基礎年金番号がOECDのガイドラインを満たしておらず、プライバシー保護上問題がある、という抵抗もしています。自治労がかつて、「国民総背番号制に反対しプライバシーを守る中央会議」を持っていたことが、こんなところで活きてきたのです。

この間、日本の政治の舞台裏で、何か見えないものがうごめいていました。政府・自民党の行政改革の柱として取りざたされていた大蔵省の分割（財政と金融の分離）案が、大蔵省の巻き返しで消滅し、反対に、発表された自民党の行革案では自治省が総務庁や厚生省に分割吸収され、姿を消すことになったのです。

絶体絶命となった自治省、ところがこれが却って自治省のなりふりかまわぬ反撃を

内閣官房三室の勢力図

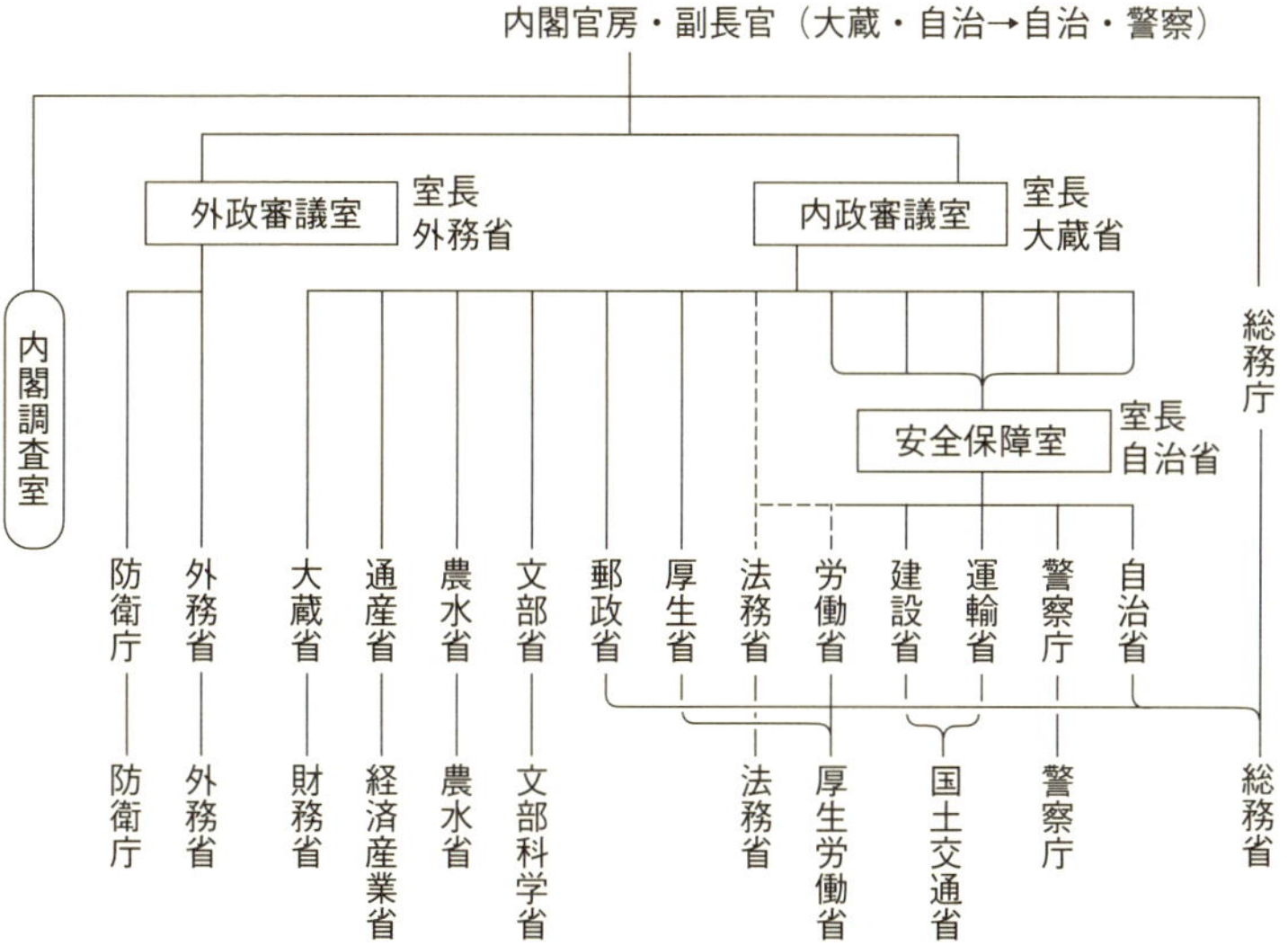

内閣官房三室の勢力図

中曽根政権下で内閣官房副長官の座は大蔵・自治の持ち回り制から自治・警察の持ち回り制となり、内政審議室・外政審議室の二室体制から、安全審議室を加えた三室体制に移行。旧内務省勢力が圧倒することになりました。今回の行政改革では総務庁と郵政省が自治省に飲み込まれて総務省になり、安全保障室が膨張。厚生省と労働省が統合された厚生労働省が安全保障室傘下に入れば旧内務省以上の勢力となって再生することになります。また、総務省が全省総覧の位置に立つことになったため、安全室長ポストがどうなっていくのかが注目されます。

生み出します。自民党の行革案は大蔵省のサジェスチョン（通産省が本当らしい）によるものとして激怒した自治省は「自治省の解体」を支持する自民党の議員を一人ひとり呼びつけ、「解体を撤回しないと、選挙で落選させるぞ」と脅迫します。

自治省はすでに全国の知事の半分と大都市の首長の座を一手に握り、選挙事情に明るい（違反者の摘発はその力のほんの一部）警察庁を抱えています。内務省時代には「大政翼賛会」を組織し、反対者を完全に締め出す「翼賛選挙」を取り仕切った実績も持っています。

この自治省が本気になって「選挙で落としてやる」というのだから、議員が震え上るのは無理もありません。橋本行革はしだいに、力のある省庁の「焼け太り」の様相を見せ始めます（九七年に成立した「行政改革法」で、自治省は結局、一切の分割を免れ、総務庁と郵政省を吸収します。巨大権力の成立です）。

また九四年の暮れごろから、大蔵省高官の不祥事が取りざたされるようになり、厚生省の高官もまた血液製剤の許認可をめぐって、失脚していきます。大蔵省・厚生省はこれを「自治省の報復」ではないか、と恐れ、浮き足立つのです。

さらに自治省は、背番号での大逆転を狙って、九四年八月「住民記録システムネットワークの構築に関する研究会」を急きょ、発足させます。自治大臣直属の私的諮問機関で、東京大学法学部の小早川光郎教授を座長とする一四人の委員からなる研究会ですが、五人の学者を除けば全てが自治省とその周辺の管理側人脈で占められ、市民

自治省の選挙支配

自治省には地方首長による自治体支配や町内会にまで及ぶ警察支配のほか、伝統的な地場支配勢力とのコンタクトがあり、これが「選挙で落としてやる」などの暴言を支える力になっています。その地場支配勢力の一つに「自民党の集票マシン」と呼ばれる特定郵便局長をリーダーとする地域ネットワークがあります。郵政三事業の民営化に反対するこの地場勢力は生き残りのため、総務省に流れ込み、総務省は地方支配に万全の体制を手に入れたかに見えたのです。しかし、「郵政民営化」を掲げる小泉人気に圧倒された総裁選を見る限り、この力にもかげりが出てきているようです。

の代表は皆無でした。

実際、この委員会は自治省の指示の下、わずか五回のおざなりな会議を開いただけで「住民基本台帳ネットワーク・システム」の構築に向けた「中間報告」を発表します（報告は九五年二月二三日だったにもかかわらず、マスコミ発表の解禁は三月一日一七時、新聞は二日朝刊だった）。

土俵際でのうっちゃり

一九九五年、この年はまさに大変な年明けになりました。一月一七日、阪神淡路を襲った大震災は多くの人の命を奪い、財産を焼き尽くしました。救出・救援の遅れを非難されるべき自治体・警察・日赤などの旧内務省一派は、責任を命令系統（社会党の首相と国土庁の指揮）の不備に求め、「内務省の復活論」さえもが公然と語られるようになりました（同様の声は「地下鉄サリン事件」に続く一連のオウム真理教事件の中でも増幅された）。

自治省にとって天佑《てんゆう》だったのは、この震災によって厚生省が計画していた芦屋、尼崎での「基礎年金番号制」の利用実験が頓挫してしまったことです。その結果、厚生省は九七年の本格実施を、テストなしに迎えなければならなくなってしまったのです。

九四年一二月、自治省は突然、住民基本台帳法の通達を改正。九五年三月一日から〝婚外子〟の続柄による差別を廃止する、と発表しました。これはいうまでもなく、その日に発表される「住民記録システムネットワークの構築に関する研究会」の「中間報告」のツユ払いを目的にした改正です。

住民基本台帳を総背番号制のベースにする以上、そこに国連からも廃止を勧告されている差別が残っていてはうまくない。ましてや、自治省は厚生省の基礎年金番号に対して、自国の「個人情報保護法」を根拠にしてではなく、ＯＥＣＤのガイドラインという国際基準を持ち出して抵抗してきたいきさつがあります。厚生省に隙を見せるわけにはいかない（マスコミ発表を差別撤廃後にしたのもそのため）のです。

それまで、国連勧告を無視し、婚外子差別を平然と続けてきた自治省の、突然の豹変でした。

これに対して厚生省は「勝手に通達を変更するなど、許しがたい」と激しく抵抗します。確かに住民基本台帳法の基本通達は厚生行政にも密着しているため、協議の上、連名で出されるのが筋でした。自治省は明らかにルールを踏み破ったのです。

しかし、厚生省の抵抗は空しく響きました。この年も大蔵省、厚生省の不祥事が相次ぎ、どれだけの逮捕者がでるか、見当もつかない事態になってきます。大蔵省高官が起訴されるという前代未聞（巨悪を叩く検察は、大蔵と二人三脚、一体とまでいわれていた図式が崩れた）の事態は、トカゲのしっぽ切りで不祥事を乗り切ってきた日本官僚制の常識が崩れ去ったことを意味します。

法務・検察を取り込んだ旧内務省勢力の底力を思い知らされることになったので

す。この年の六月、厚生省は、自治労との交渉の席上で「基礎年金番号は、年金分野に限って利用されるもの。国民総背番号制とは無縁だし、納税者番号制と結びつくものでもない」と回答。後に、同様の念書を自治省に差し出します。劇的な自治省の勝利でした。

基礎年金番号の崩壊

一九九七年一月、厚生省（社会保険局）は予定通り、全国の年金加入者ひとりひとりに対して「基礎年金番号」を設定し、通知しました。「これがあなたの基礎年金番号です。大切にご保管ください」といった文面で通知されたものですが、これを受け取った方は、なぜ大切なのかもわからず、キツネにつままれたような思いを抱いた人がほとんどでした。鳴り物入りで祝うはずの「総背番号制」の完成は、厚生省以外のだれも利用する予定のない番号として、こっそりと届けられたのです。

実際、十分な使用実験もせず、いきなり本番を迎えたこの番号は、総背番号に利用できるようなシロモノではありませんでした。重複や錯誤を大量に抱え、「生涯不変」がうたい文句の番号を保険局自身が毎日のように修正しなければならない事態に陥ってしまいます。

後に当時の政務次官が「十分に考え抜いたつもりだったが失敗だった」と漏らしたように、「基礎年金番号」は自壊してしまったのです。

住基システムの登場

一九九五年二月二三日、自治省行政局長の私的諮問機関である「住民記録システムのネットワークの構築等に関する研究会」が発表した「中間報告」は、あまりにもずさんで、基礎年金番号制に対する「牽制」の意味しか（実際、それが最大の狙いだった）ありませんでした。

多くの批判を浴び、いくつかの修正を加えて「最終報告」を提出したのが一九九六年三月。これを受けて自治省は法制化（九七年法制化、二〇〇〇年施行）に動き出します。自治省はまず「最終報告」を批判していた一橋大学の堀部政男を、自治大臣の私的懇談会「住民基本台帳ネットワーク・システム懇談会」の座長に抜擢《ばってき》、関係団体の説得につとめます。

自治省にとって最大の壁が当時与党であった社会民主党の説得でした。同党はこの説得には乗らず（九六年四月）、友好団体である自治労と部落解放同盟の見解を仰ぎます。そのため自治省も、自治労と部落解放同盟の説得に力を入れることになりました。

自治労は「最終報告」の提出と同時に「見解」を発表。「市町村の固有事務である住民基本台帳制度の変質、住民情報の中央管理、個人情報保護の侵害」への懸念を表明しながらも、「苦情処理の審議会設置」や「OECD八原則を前提とした個人情報保護措置」を評価。その具体的な実効性を検討すべきである（堀部教授の見解に近い）、

新聞記事

「住民記録システムのネットワークの構築に関する研究会」中間報告書（一九九五年三月）に対する『朝日新聞』紙上での筆者のコメント。

いっしょにコメントを寄せていた堀部政男は、九六年三月の最終報告書をうけて「国民的議論の場（?・）」として自治省が結成した「住民基本台帳ネットワークシステム懇談会」の座長となり、法制化に協力することになります。日本で第一人者と目されていた研究者が政府に抱きこまれてしまったのです。

> 朝日新聞一九九五年三月二日付社会面　個人情報の保護を／目的明確に

堀部政男・一ツ橋大学教授（情報法）

番号制の導入には個人情報の保護が不可欠だが、自治体レベルでは、個人情報を保護する条例を定めているのは全国の三分の一にすぎない。行政だけでなく、お金や家を借りたり、旅行の予約など、今後、あらゆる活動に番号の提示が求められる可能性もある。そのつど、借金や家賃の支払い状況など、個人のプライバ

とします。

一方、解放同盟は、住民基本台帳制度は戸籍制度の存在を前提としている以上、にわかには賛成しかねる、とし「戸籍制度の廃止を前提とするなら検討の余地がある」とします。これに対して自治省は「このシステムと戸籍の存否は無関係である（非公式の耳打ちとして、このシステムによって戸籍をなくす道も開ける、とも発言）」と答えています。

いずれせよ、この段階では両団体とも自治省の説得に応じる姿勢にはなく、法案に社民党が賛成する可能性は皆無《かいむ》でした。しかし、前述の「懇談会」に自治労の佐藤晴男書記長、連合の鷲尾《わしお》悦也事務局長は加わってから、雲行きが怪しくなります。両者は「納税者番号制」への転用を見据えて「住民基本台帳ネットワーク・システム」の受け入れに動き始めることになります。もっとも、自治労も連合も、個人情報保護法の改正がシステム導入の前提条件でした。個人情報保護法制定時の国会決議（民間への適用を含む改正）を守れ、というわけです。

システム導入に反対する動きは、国民総背番号制に一貫して反対してきた「コンピュータ合理化研究会」を中心に進みました。そしてまた、納税者番号制に反対する若手税理士のグループが「プライバシー・インタナショナル・ジャパン（ＰＩＪ）」を結成、広範な市民運動をめざして立ち上がります。一九九七年三月には、青年法律家協会も反対を表明（日本弁護士連合会の反対の意見書はその一年後）。結局、この年の通常国

シーが番号のもとに集積される。ところが日本には、民間の保有する個人情報の流出や目的外利用などを防ぐ法律はない。次の本報告で自治省は、導入のための条件整備の進め方を示す必要がある。

戸籍問題に詳しいジャーナリストの佐藤文明さん
個人情報の収集・管理にあたっては目的外使用の禁止や本人の同意の保障が最低限必要なことは国際的常識だ。今回のように具体的な目的がはっきりしないまま、便利さの追及だけで、コンピュータ化してはならない。住民票と戸籍は連動したシステムなので、これにより住民票のない、外国人や住民登録できない弱者を切り捨て、彼らやその子どもたちがますます生きにくい社会になる。委員のメンバーを見ても、国民の利益代表はいない。総背番号化など国民はだれも望んでいないのに、行政とコンピューター業者がつるんで独走しているのではないか。

会での法案上程は見送られます。

　通常国会終了直後の六月一七日、自治省は「住民基本台帳法改正案」を「試案」として発表します。国会上程前に叩き台を示し、各界の理解を得ようというのです。しかし、これは表向きのポーズで、実際には東京都が提出した「試案」に対する「質問書」さえ完全に無視しました。住民基本台帳制度は本来、地方の制度である以上、自治省の姿勢は許されるべきものではありません。

　東京都の「住民基本台帳ネットワーク・システムに関する質問事項等」と題する「質問書」は、質問六一項目、意見一三項目からなるもので、これをまとめれば次のようなものです。

　――ネットワーク・システムによって、国の行政効果は高まるかもしれないが、市区町村にとっては事務増で、「行政の効率化、合理化というイメージがわいてこない」。「事務量も減らず、メリットもないということであれば、多額の資金を投入することは、現在の財政事情から判断すると、とても受けられない」。「現行、区市町村が行っている住民基本台帳事務に都道府県の事務が加わるとなると、地方分権の流れに逆行する」。

　システムの運用にあたって、住民のデリケートな対応を迫られるのは市区町村の窓口である。「したがって国民・住民に無用な混乱を引き起こさないためにも、市区町村での窓口は実務の視点から、問題を考えていく必要がある」。だから市区町村の立

総背番号をめぐる詳しい導入抗争史がお知りになりたい方は
http://www2s.biglobe.ne.jp/˜bumsat/jyoho.htm/

場から「費用対効果について検証し、実施の是非について判断するべきものである」。自治省は、この正論を無視し、回答を避けたのです。

ともあれ、こうした経過の中で、当初の構想はいくつか変更を迫られています。その大きなものを挙げておくと、(1)カードは全員に公布するのではなく、希望者に限るものとする。(2)番号は終生不変ではなく、変更を認めるものとする。(3)データの民間利用、データ・マッチング（結合）を禁止する。

これはいずれも重大な変更で、(1)と(3)によって、民間取引で提示する「グリーン・カード」のような利用は不可能となり、(2)も加味すると納税番号としては不向きなものになります。これによって、導入のメリットはほとんどなくなり、コスト・ベネフィット（費用対効果）の観点からも、システム構築の意味はなくなります。自治省はすべてを投げ捨て、「まずは導入、しかる後に法改正（(1)〜(3)を元に戻す）」の作戦に出たわけです。

Q20 法案が成立した「住基ネット」ってどんなシステムなんですか？

いま、住民基本台帳ネットワーク・システムの施行準備が進んでいるそうですが、これがわたしたちの暮らしに与える影響はどんなものなのでしょうか。

システムの骨格（コード）

住民基本台帳ネットワーク・システムは住民基本台帳法という住民の住所に関する自治体の仕事を定めた法律のなかに、自治体を超えた共通コード（事実上の国民番号）を振る仕組みを挿入《そうにゅう》したもので、台帳法の性格を変えてしまうほど異質なものをむりやりドッキングしたものです。

共通番号は一一ケタ（法案の説明時は一〇ケタだった）のコード（一〇ケタの数字と一ケタのチェックデジット）で、住民票に付番されると原則的には変更されることなく、住所を変えてもおなじ番号が振られることになります。出生や帰化で新たに住民登録の対象となった場合はその時点で付番されます。

番号は意味を持たない乱数で、重複しないよう、自治体に配布するのは都道府県の仕事とされています。また、番号を管理し、だれが何番であるかを常に把握し、必要な機関に告知する仕事は都道府県が「番号センター」に委託し、「番号センター」は

「指定番号センターの決定」

自治省は二〇〇〇年秋、住民基本台帳ネットワーク・システムの中央管理センターになる「指定機関」を法律に従って募集。予想どおり「地方自治情報センター」ただ一機関だけがこれに応募しました。そしてこれまた予想どおり、ここが番号センターに指定されたのです。そして、これも予定通り、全都道府県がここに業務を委託。「地方自治情報センター」が、日本人すべての番号を支配することになりました。自動車の番号を支配している、そのおなじ機関がわたしたちを支配することになった、その意味は重大です。

一定の条件を備えた団体の中から総務省が指定する（といってもこれは最初から半ば公然で「地方自治情報センター（Q16・一三六ページ参照）」が指定されることになっている一種の茶番劇）ことになっています。

「番号センター」と都道府県、地方自治体の間は論理専用回線（法案の説明時は専用回線といっていた）によってオンラインで結ばれ、住民票の記載に必要なすべての情報（戸籍や年金の種別などを含む一三情報）が流されます（法案の説明時には六情報だけといっていた）。また、「番号センター」には五情報と、その他の付帯情報がストックされます。五情報とは住所、氏名、性別、生年月日、それに共通コードです。付帯情報はコードの変更情報などだとされていますが、実際のところは蓋《ふた》を開けてみなければわかりません。

「番号センター」は法（住基法の付属別表）で定めた機関が、定めた目的で利用する場合に限り、このストック情報を提供し、提供された機関は住民票のチェックを省略し、あるいは機関が所有する個人データを共通コードで管理することが可能になります。また、コード利用機関は都道府県や市区町村が条例によって定めることもできます。もちろん手数料を払えば本人が自己情報を確認し、訂正を求める（苦情の受け入れ窓口は番号センターと都道府県に設置される）ことも可能です。

また、やむをえない事情がある場合は共通コードの変更が認められ、変更情報が管理される（詳細は不明）ことになります。

システムの骨格（カード）

「番号カード」にはＩＣチップが組み込まれ、四〇〇〇字の情報が記録できます（実際はその五〇〇倍か？）が、五情報以外の余白にどんな情報を入れるか（つまりはカードをどう利用するか）は、それぞれの自治体にまかされています。カードの表面の記載事項も数通りのモデルから自治体が選ぶことになっています。共通コードを入れるか、顔写真を入れるかは大きな問題です。

カードの発行は希望者に限られ、有料になります。カードがあれば住民票を全国どこの自治体からでも取ることができるし、引越しの際、転出証明書を取らずに転入できる、というのがうたい文句で、その結果、利用者・自治体双方でおよそ三〇〇億円ほどの経費が浮く（導入費用は初年度四〇〇億、次年度以降二〇〇億）としていました。

しかし、取れる住民票は本籍・続柄省略型のものに限られ、自治体が他の自治体のものをどう証明するのか、難問が残されたまま（結局、発行地の認証だけ、ということになったが、なにを認証したのか、法的には疑問が残る）。また、引越しの際は前住地に「付《ふ》記転出届《きてんしゅつとどけ》」を出さなければなりませんし、転入後、カードを前住地に返却する必要があるため、利用者・自治体双方で手間がかさみます。その上、経費の試算はカードを全員が利用した場合なので、ほとんど意味はありません。

カードの廃棄、カードの書き換え、カードの再発行など、システム運用上重要な問

カードモデル

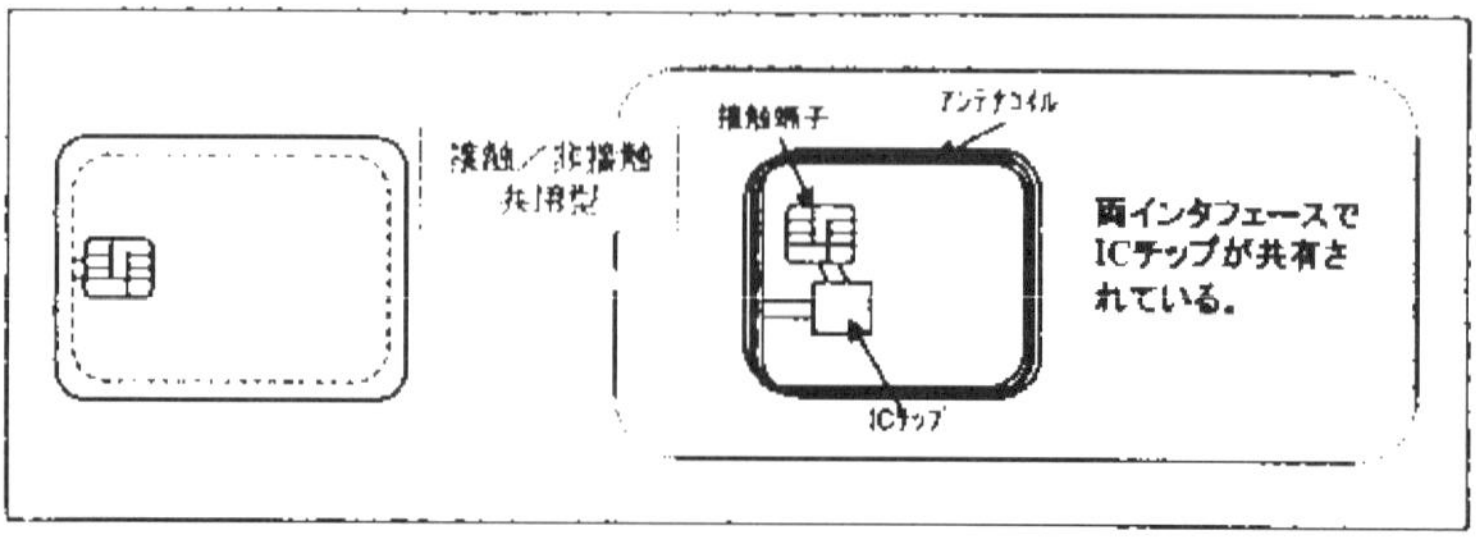

接触／非接触共用型カードイメージ

題が何も決められておらず、すべてが政令に預けられてしまっているのです。
システム導入経費は自治体持ちで、総務省（当時は自治省）の試算より遥かに高額になりそう。自治体の導入メリットはほとんどないのです。が、ともあれ、この法律で、コード・システムは二〇〇二年八月、カード・システムは二〇〇三年度中にスタートすることになっています。

問題点

うたい文句はこれからの行政のベースになるシステム、です。それにもかかわらず、在日外国人を除外しています。二一世紀、外国人を排除したシステムを新たに立ち上げる必要があるのでしょうか。少なくとも自治体のサービスで排除が必要な行政はないはずです。二一世紀にあってはならないシステムなのです。

それでも日本国籍者にだけ付番する、というのであれば、戸籍に付番すべきでしょう。戸籍こそ、日本国籍者を確定する台帳だからです。戸籍が差別台帳なので、付番に不都合があるわけですが、それならまず戸籍制度を改正すべきでしょう。

このシステムは明らかに国の制度です。にもかかわらず戸籍にできないため自治体の制度である住民基本台帳に付番した。その結果、台帳法は矛盾にさらされ、自治体の意思を無視して都道府県が「番号センター」などという性格のあいまいな特殊法人に、業務を委託させられる、という事態になっています。こんな手法を許せば地方自

表面デザインイメージ例：Aバージョン

表面デザインイメージ例：Bバージョン

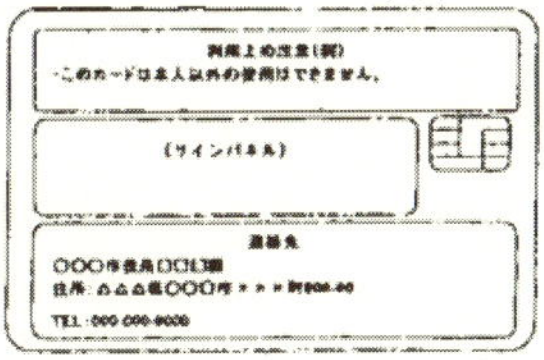

裏面デザインイメージ例：A、Bバージョン共通

治の自殺というほかはありません。

長い長い地方自治の産みの苦しみを経て、現在、全国で一〇〇〇を越す自治体が何らかのプライバシー保護条例を持っています。その中には優れたものも多く、プライバシー保護のためにコンピュータの外部結合を許さない、という規定を持った自治体も少なくありません。ところがこのシステムは自治の結晶である保護条例を法律によって蹴散《けち》らしてしまうものです。これもまた自治権の重大な侵害です。

「五情報だけを、専用回線で流すので、情報漏洩は防げる」というのが政府答弁でしたが、ここには氏名、生年月日などにプライバシーはない、という考え方が前提になっています。しかし、それらの情報にも多くのプライバシーが含まれています。また、法改正後、「専用回線」というのも「五情報だけ」というのも嘘であることがわかりました。わたしたちの重要な情報が漏洩する恐れが大きく拡がったのです。

付帯情報になにが入るのか明らかではありませんが、住所歴が辿れるようだと、転籍によって消えてしまう戸籍附表の住所歴よりも管理が強化されることになります。出生地が消えることがないため、差別が生まれる恐れもあります。また戸籍附表が無用になるため、戸籍と住民票の新たなリンクが求められ、戸籍に番号が転記されることになります。結局は戸籍番号制になるわけです。

住民票に付番する、といっても、結局は出生届を出した時点で付番されることになります。戸籍がない（出生届を済ませていない）子は番号を持てないことになります。

「郵送でできる転出」

従来のサービスでも、転出証明書は郵送で請求することができました。転出地の役所に行かなくても転入届はできたのです。つまり、この点ではカードをもらっても何のメリットもなく、カードの読み取りなど、わずらわしさが増えるだけ（自治体はさらに付記転出届との照合、転入のない者の管理、カード返納事務など、作業が増大します）なのです。

住民登録を拒否されている人も持てません。夫の暴力から逃げている、などの理由で、住民登録できない人も番号が持てません。つまり、この番号を利用すれば、こうした人たちを締め出してしまうことになります。

また、情報を管理する能力のない子どもに付番するのは危険です。ゼロ歳児がなぜ番号を持つ必要があるのでしょうか。番号のない人の締め出しと、管理能力のない者にいえることはカードについてもまったくおなじです。カードはまた、借金の抵当や、身柄の拘束など、現在の保険証やパスポートで起きていることと同様の使われ方をされる恐れがあります。カードの読み取り機が流通する可能性もあります。こうしたことへの防止策がありません。

カードが重要な機能を持てば持つだけ、単機能のほうが安全です。紛失などの場合のリスクが小さいからです。いずれにせよ、カードをどう位置づけるかは自治体の問題（有料なので住民の問題でもある）である以上、政府が口を出し、一律なものを押しつけるのはおかしいでしょう。導入前の説明では四〇〇〇文字のICカードだったのですが、現実にはその五〇〇倍ほどの記憶容量を持った、接触・非接触（Q23・二〇二ページ参照）両用のカードになりそう。住所の確認用としてはケタ外れに高機能なカードで、危険なばかりかカードのコストもバカになりません。

こうしたカードなら本人確認に必要な電子署名だって組み込めます。が、読み取り端末など、自治体の側で負担する費用も増すわけで、政府が勝手に指示するものでは

「最大矛盾・目的外利用」

個人データの管理で一番大事なのが「目的の明確化」です。これなくしてプライバシー保護の基盤は成り立ちません。住民基本台帳しかりです。だから住基法第一条（目的）の「住民の利便を増進し、あわせて国及び地方公共団体の行政の合理化に資することを目的とする」という条文は制限的に解釈しなければなりません。住基法が予定していた目的を超え、別の制度が利用するための番号を提供する（住基ネット・システム）ことを、この条文からは引き出すのは無理なのです。どんな目的にも使える汎用番号を、制限のために設けた「目的」から正当化するのは絶対矛盾だからです。それが許されるなら、第一条は無意味で、住基法は目的を失います。目的不明の個人データ法になってしまうのです。そうなれば住基法そのものが個人情報保護法に違反し、個人データ保護の国際条約に反することになります。

ないはずです。本人確認をどうするか、最終的な多機能カードの姿がどんなものになっていくのかは、市場の競争に任せるべき（携帯電話のようなものになるかもしれない）です。政府の口出しは、カード会社との利権が働いていると取られても仕方がありません。

住民票がどこででも取れる、ということはプライバシーの配慮がまったくない自治体ででも取れることを意味します。プライバシーに配慮し、その向上に努めている自治体の努力も空しく、全国の住民票交付の基準が最低レベルに収斂《しゅうれん》していくことになります。

コンピュータ情報が恐ろしいのは、一瞬にして大量の情報が移転することにもあります。流失した情報がどこに流れ、どう利用されているかを追跡することが困難なのです。ところがこのシステムには番号情報を利用して構築したデータ・ファイルと他のデータ・ファイルとを結合するデータ・マッチングを禁止しながら、データ・マッチングによってできたデータを廃棄する規定も、それがどう利用されているかを追跡する規定もないのです。

本人からコードを聞き出すことを禁止しながら、カードの提示を求めることを禁じていないのも問題です。カードにコードが記載されていれば、聞き出すのとおなじことですし、提示の要求がカードの携帯を強制する力にもなります。カードを持っていれば便利な、得をする状態というのを作るべきではないのです。

「東京二三区の抵抗」

東京二三区は住基ネット構想が浮上してまもなく、その問題点を指摘、東京都に上げました。都は、この意見に基づき「質問書」をまとめ、自治省に提出したのですが、自治省からはナシのつぶて。無視されてしまいました。そこで二三区は導入に疑問を投げかける「意見書」をまとめ、提出寸前になったのです。そうすると二三区の課題である特別区制度の見直し、権限の強化が、自治省に妨害されることを恐れて、見送られました。法案成立後も二三区はトーンを落とした「意見書」を出していますが、正面切った反対は杉並区だけ。これが地方分権を進める、とする自治省（総務省）の地方支配の実態なのです。

このシステムはもともとカードの全員携帯制を前提にできています。また、納税者番号に利用するなど、導入による経済的メリットが大きいものに使われない限り、費用対効果（コスト・ベネフィット）はマイナスです。導入の試算など、まったく根拠のない空疎《くうそ》なものなのです。それを、国の予算措置なく自治体が負担するというのもおかしなもの。住民情報は自治体のものなので、国が利用したければ対価を払うのが筋なのです。

それにしても、いくら掛かるかわからない青天井の予算を組まされる自治体もいい面の皮です。それをノーと言えない自治体の現状は、空恐ろしくもあります。国家の前で物が言えない事態が進行していることを意味するからです。

重要なことをみな政令に預け、ひたすら法改正に走って見切り発車された住民基本台帳ネットワーク・システム。それが向かうところは国民総背番号制から物言えぬ国民作り、動態管理を含む完全管理社会であることはまちがいありません。国民の意見どころか自治体の意見まで押さえ込んで、政令をほしいままにしようとしている総務省、それはかつての内務省よりも危険な、スーパー権力です。これをどこかで阻止しなければなりません。

成立の舞台裏

改正案の上程を決める自民党の地方行政部会では、これに反対する厚生省（厚生労

「八二五団体の重み」

政府の保護法の遅れや不十分さに耐えられず、一九九〇年四月までに一一二九の市町村が個人情報保護条例を制定。うち八二五団体がオンライン結合の禁止（制限を含む）規定を設けていました。その多くが住民運動の成果であり、地方自治の前進でした。自治省はこの重みを無視、禁止の解除を「助言」という名で進め、住基ネット導入の地ならしをするとともに、「法ができれば従ってもらう」と言い放って、自治権の圧殺を宣言しました。

働省）の族議員が灰皿を投げた、といいます。基礎年金番号を潰《つぶ》された恨みからです。上程を決めた閣議（九八年三月一〇日）でも、厚生大臣が最後の抵抗をし、「この番号は住所の確認以外に利用しない」との確認を取りつけています。基礎年金番号を「年金業務意外には利用しない」との一札を取られたことへのお返しですが、おかげで、住基番号はなお納税者番号とはドッキングできない、すなわち国民総背番号にはなりえない番号にとどまっています。

そのため自治省を除き、エネルギーを振り向けて改正を推進する勢力はなく、一年以上店ざらしになっていました。改正に力が入れられたのは自由党の野田毅幹事長が自治大臣になってからです。自由党は、「どうせやるなら、治安管理に使うべきだ」と発言した小沢一郎党首の見解同様、このシステムを国民の治安管理に活用しよう（おそらくこれも自治省に吹き込まれたものでしょう）という視点から、積極推進に回ったのです。

公明党は当初反対していたのですが、与党化（自自公路線）の中で賛成に回り、自治体や民間をも規制する「包括的個人情報保護法」の制定を前提に受け入れます。といっても、法律の附則に「適切な措置を講じる」という一文が加わっただけ。保護法の制定が前提（委員会で大臣が約束はしている）になどなっていません。

民主党には自治労出身議員などの賛成者もいましたが、公明党の与党化で野党色を強め、反対の態度を鮮明にします。しかし、参議院の委員会では反対の理由を「納税

「総務省解釈」

公明党が要求し、自民、自由両党がのんだ法修正「適切な措置を講ずる」を、総務省はこう解釈しています。適切な措置とは法施行前に、このシステムについて十分な説明をするなどのことを意味し、プライバシーの保護措置を拡充することではなく、プライバシーについては法の中で十分に保護されている、というのです。法務大臣は保護の必要性を委員会で表明しましたが、大臣はもう別な人になっています。しかも、法案は委員会審議を経て成立したものではありません。役人の考えることはろくでもないということなのでしょうか。われわれの監視が必要です。

「プライバシー・アクション」

一九九八年の個人情報保護法案国会審議の過程で発足し、以来、主に国民総背番号制度反対の運動を進めている市民団体。連絡先は、一六〇—〇〇六五　新宿区愛住町三番地　貴雲閣ビル一〇八
TEL：〇三（五三六九）〇九四三
FAX：〇三（五三六九）〇九四四

者番号に利用できないシロモノだから」とし、事実上、自治省の後押しをしています。

改正案は会期の最後までもつれ、廃案寸前となりましたが、委員会採決を省略して本会議採決を行なうという異例の強行手段によって成立を見ます。そのときの地方行政警察委員会の委員長は民主党の小山峰男議員で、彼の本会議への審議報告がなければ異例の本会議採決も不可能なはずでした。

改正案は委員会審議を無視する形で、民主主義のルールを踏みにじる形で成立したのです。

なお続く混乱

違法な手続きは、改正案成立後も問題になりました。同様の滑り込みで成立したプライバシーにとって重要なもう一つの法律である「通信傍受法（盗聴法）」ともども、法成立後も廃止を目指す運動が続いています。

そんな中、専用回線を流れるのは五情報のみ、というのが嘘であることが判明します。議員が自治省にだまされたわけで、新任の自治大臣もだまされた一人でした。「五情報のみ」と答弁し、政府委員からたしなめられたのです。

これを契機に、民主党は「改正法の廃止法案」を提出、混乱はなお続いています。

「民主党・廃止法案」

一九九九年一二月八日、民主党は先に成立した住民基本台帳法改悪法案を、「説明不十分のまま成立させた」として、改悪部分の削除を求める（法を元に戻し、総背番号制の導入を許さない）異例の法案を、衆議院に提出しました。

住民基本台帳法の一部を改正する法律の廃止等に関する法律案要綱

第一　住民基本台帳法の一部を改正する法律の廃止

住民基本台帳法の一部を改正する法律は、廃止するものとすること。

第二　住民基本台帳法の一部改正

住民基本台帳法の一部を改正する法律による改正事項に係わる規定は、次に掲げる事項に係わる規定を除き、削るものとすること。

一　住民基本台帳の閲覧対象の限定

二　罰金及び過料の額の引き上げ

第三　施行期日等

一　この法律は、公布の日から施行するものとすること。

二　その他所要の規定を整備するものとすること。

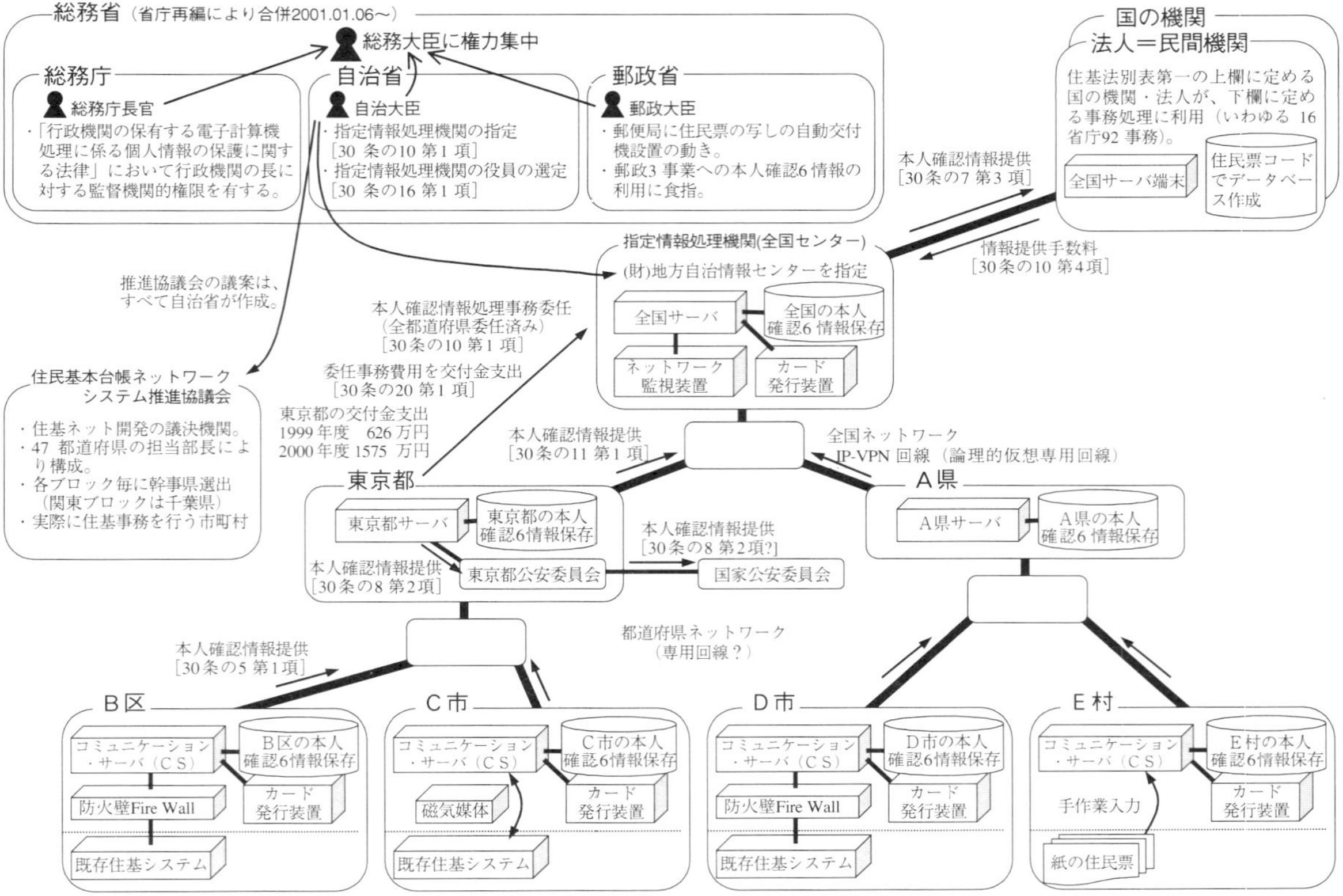
総務省（省庁再編により合併2001.01.06〜）
総務大臣に権力集中
総務庁
総務庁長官
・「行政機関の保有する電子計算機処理に係る個人情報の保護に関する法律」において行政機関の長に対する監督機関的権限を有する。
自治省
自治大臣
・指定情報処理機関の指定［30 条の10 第1 項］
・指定情報処理機関の役員の選定［30 条の16 第1 項］
郵政省
郵政大臣
・郵便局に住民票の写しの自動交付機設置の動き。
・郵政3 事業への本人確認6 情報の利用に食指。
国の機関
法人＝民間機関
住基法別表第一の上欄に定める国の機関・法人が、下欄に定める事務処理に利用（いわゆる 16 省庁92 事務）。
全国サーバ端末
住民票コードでデータベース作成
本人確認情報提供［30条の7 第3 項］
情報提供手数料［30条の10 第4項］
指定情報処理機関(全国センター)
(財)地方自治情報センターを指定
全国サーバ
全国の本人確認6 情報保存
ネットワーク監視装置
カード発行装置
推進協議会の議案は、すべて自治省が作成。
本人確認情報処理事務委任（全都道府県委任済み）［30条の10 第1 項］
委任事務費用を交付金支出［30条の20 第1 項］
東京都の交付金支出
1999 年度　626 万円
2000 年度 1575 万円
住民基本台帳ネットワークシステム推進協議会
・住基ネット開発の議決機関。
・47 都道府県の担当部長により構成。
・各ブロック毎に幹事県選出（関東ブロックは千葉県）
・実際に住基事務を行う市町村
本人確認情報提供［30条の11 第1 項］
全国ネットワーク
IP-VPN 回線（論理的仮想専用回線）
東京都
東京都サーバ
東京都の本人確認6情報保存
東京都公安委員会
本人確認情報提供［30条の8 第2項］
本人確認情報提供［30条の8 第2項?］
国家公安委員会
A県
A県サーバ
A県の本人確認6 情報保存
都道府県ネットワーク（専用回線？）
本人確認情報提供［30条の5 第1項］
B区
コミュニケーション・サーバ（CS）
B区の本人確認6情報保存
防火壁Fire Wall
カード発行装置
既存住基システム
C市
コミュニケーション・サーバ（CS）
C市の本人確認6情報保存
磁気媒体
カード発行装置
既存住基システム
D市
コミュニケーション・サーバ（CS）
D市の本人確認6情報保存
防火壁Fire Wall
カード発行装置
既存住基システム
E村
コミュニケーション・サーバ（CS）
E村の本人確認6情報保存
手作業入力
カード発行装置
紙の住民票

住民基本台帳ネットワークシステム／本人確認情報の提供（タテのネットワーク）概念図　（制作・井上和彦）

Q21 国民総背番号制と闘うにはどうしたらいいのですか?

住基ネットは国民総背番号制の第一歩だそうです。とすれば、なんとかそれを阻止しなければ、と思います。総背番号制を止めるにはどうしたらいいのですか。

反対の論理

総背番号制と闘うのに難しい論理は必要ありません。なぜならそれがわたしたちの自由と決定的に対立するものだからです。そのことを権力のほうも十分に知っており、だからこそ、それを目指していながらも、決して総背番号制を準備するものだとは言わないのが普通(自由は無用だとする権力者も中にはいるが)です。したがってわたしたちはそれを見破る目が必要になるのです。

住基ネットは総背番号制ではありませんが、それを目指すものです。したがって、これと闘うには「自由」のメッセージを高く掲げるとともに、流布された嘘を暴いていけばいいわけです。このシンプルな闘いを実践し、廃止法案をまとめたのが民主党の河村たかし代議士でした。彼はもと自由党のメンバーで、「民主」というよりも「自由」を行動原理とした議員です。

法改正され、各自治体がネットワーク・システム構築の準備作業に入っている中、ただ一人、これに反対して区のシステム構築用の予算計上を拒否している東京の山田宏杉並区長も政治的には決して政府と対立する立場に立つ人ではありません。主張の柱はあくまでも「自立した自由社会」への「愛」なのです。

その上で彼は、自治体の首長として当然の費用対効果を取り上げ、住民票がどこででも取れるなどというりたい文句は「巨額の費用を投じる見返りにしてはあまりに小さすぎないか」と、切って捨て、だから納税者番号にも、という主張にも与《くみ》しません。

「住基ネットは住民の居住を確認するための利用に限定するという条文は法案を通す方便で、いずれ再改正して納税者番号や運転免許証番号、金融機関の顧客番号などほかの個人番号と連動させようというのなら、行革や企業支援の経済効果は費用を上回るだろう。ただし、それでは国民総背番号制度にほかならず、今度は政府や企業による個人のプライバシー侵害が広がる危険が生じてくる」（二〇〇〇年七月一五日付朝日新聞『論壇』）と、住基ネットの正体を見破っています。

抵抗の方法

当面、二〇〇二年八月に実施予定のコードと、二〇〇三年度中に実施予定のカードを導入させないことです。そのためには廃止法案の実現を後押ししたり、導入準備を進める自治体に対して、準備を止めさせることです。杉並区長の論理は他の自治体でも通じることで、実のところ、各自治体とも本音では導入に反対のところが少なくないのです。

住民基本台帳法は本来自治体の固有事務《こゆうじむ》で、ネットワーク・システムも自治体が協力しなければ実行できないものなのです。そのため、杉並区には区長応援団ができましたし、他の自治体にも住基ネット見直しのための住民運動が作られつつあります。

区長からのいいメール

「自由と誇り」を愛すればこそ

杉並区長 山田宏

一昨年の住民基本台帳法の改正で、来年から全《すべ》ての住民に11ケタの番号が付けられます。目的はこの区報でお知らせしている通りですが、私は昨年の区議会でも「大きな危惧《きぐ》を感じる」と申し上げてきました。

まず『全国どこでも住民票の写しが取れる』程度のサービスを、初期投資四〇〇億円、毎年の経費二〇〇億円もの税金をかけて実施する必要性があるのかという点です。希望者に住民カードも配るということですが、自治体から見ると、カードを持っている人といない人の両方に対応しなければならなくなり不効率です。

今回はスムーズに「全国民に統一番号をつける」ことが主目的で、いずれ法改正をして、この住民番号を納税者番号や介護保険番号など他の用途にも広げようというのなら、投資効果は高くなるでしょうが、これはいわゆる『国民総背番号』となります。一枚のカードですべて済んでしまうという便利さと同時に、他人にその番号を知られると、その人のさまざまな個人情報がその番号ひとつで盗まれるという危険性が高まります。

IT社会には、個人を識別する番号が不可欠です。しかしそれは、年金番号や納税者番号など目的別に個人が複数の番号を持つべきで、ひとつの番号に統一することは、プライバシーを守るためにも、絶対に避けるべきです。プライバシーと私有財産を大切にすることは、個人の自由と誇りを守る源泉と考えるからです。

法改正でも、番号の他用途への拡大使用を禁じてはいます。しかしそれもいつ再改正されるかわかりません。現に政府税調では、納税者番号との統一化が議論されています。

「法は法」。行政官としての区長は、その執行の義務を負うのは当然です。しかし執行までまだ時間があるので、国会決議に基づき、区民の皆さんのご理解をいただくため、私の抱いている危惧《きぐ》も含めこの法律の趣旨をお知らせすることにいたしました。ご意見をお待ちしています。

『広報すぎなみ』2001年2月1日号で危惧を訴える山田区長

こうしたものに積極的にかかわっていく必要があると思います。

また、今後出てくる政令にも目を光らせていくことが大切です。

実施されても負けたわけではありません。口実を見つけてはコードの変更を申請しましょう。コードを変えれば変えるほど、プライバシーは安全になります。少なくとも行政以外の、法に規定されていない違法な個人データは、コードの変更が励行《れいこう》されれば蓄積しても意味を失います。それによって、民間がこれをキーに個人情報を構築することをあきらめさせることです。プライバシー保護のために組織的にコードを変更する運動があってもいいでしょう。

一説には、一〇ケタといっていたコードが一一ケタになったのは、コード変更者が大量に出ることを恐れてだ、といいます。うち一ケタのチェックデジットが何かは明らかではありませんが、乱数の一一ケタというのはそう余裕のあるものではありません。変更前の番号や死亡者が使っていた番号も二度と使うことができないからです。

カードはともかく受け取らないことが大切です。もらってしまった人には、大事なものだから大切に保管して使わないように勧めましょう。うっかりもらってしまった場合、自治体に返却する手続きも確立しておく必要があります。IC部分は再利用可能なので、費用の返却も要求すべき（これは転居の際にも言えること）です。

カードの提示を求められたら、どこからの指示かを確認し、文書があれば文書名をチェックします。そのうえで、「カードの所持は義務ではないので、持っていない」

と答えましょう。そして後に指示元、文書元に抗議します。都道府県や「番号センター」が設ける相談窓口も上手に使いましょう。市区町村の電算条例に基づく審議会を利用する手もあります。おかしいと思ったことはどんどん抗議しましょう。

こうした防衛策は、今後次々に登場すると思われるカードの利用に際しても言えること。近未来社会を生き抜くための練習だと思ってください。アメリカでは社会保障番号を利用しないで生きる訓練をして、総背番号制の導入阻止をしているグループもあります。こうした自己防衛が積み重なれば、総背番号を阻止する力が生まれます。

次を読む

何度もいうように、住基ネットはまだ国民総背番号ではありません。それを狙って導入されたものですが、総背番号にするためには再度の法改正が必要です。したがって、次の動きを読み、総背番号制を実現させない取り組みが必要です。

その一つが次項で紹介する個人情報保護基本法案の動きです。この動き次第で背番号制への道は近づきますが、場合によっては住基ネットの実施が基本法に触れることにもなるからです。もちろんこれは基本法を越え、国際的な個人情報保護条約の流れとも絡んでいます。

重要な動きとしては、やはり、納税者番号がどうなるのかということがあります。税負担の公平性の確保という観点から、なお、これを望むグループがあるからです。

しかし、納税者番号制が住基ネットを利用する理由は何もありません。筆者としては単独のシステムに留め置くべきだと考えていますが、基礎年金番号を利用する道が閉ざされたわけでもありません。

筆者は次の各面から、住基ネットを利用するぐらいなら基礎年金番号のほうがましだと考えています。

1. 利用目的が限定できるので、国連基準などに即した個人情報の保護が可能
2. 付番が内外人を問わず共通なので、外国人差別が起きにくい
3. 未青年が付番されないので、生涯管理や血縁係累管理と結ばれない
4. 強制付番しても住民票による住所追跡（サラ金、暴力亭主）が起きにくい
5. 付番がすんでいて、新たな予算（初年度四〇〇億円）を要しない
6. 前提になる届出に罰金などの強制力（個人情報の強制収集は国連が禁止）がない

少なくとも、こうした比較論議を国民が十分に行なった上で、あるいはまた、納番制が税負担の公平のためにベストなシステムなのかどうかの論議を十分に尽くした上でシステムを構築すべきです。それなしに、総務省（旧内務省）の力によって強引に実現していこうとする現在の手法は許すことができません。

そしてもう一つ、納税者番号制が住基ネットを利用しない場合でも、総務省はこのカードをできるだけ汎用性《はんようせい》のあるカードに育て、実質的な国民総背番号に近づけていこうとするでしょう。経済産業省が中心になって実験を始めようとしている国民ＩＴ

「自治労の住基支持理由」

自治労は一九九三年、早々と納番制のベースに住民票番号を支持。その理由に年金番号より氏名の変更などがすばやく反映されることを挙げました。が、それをいうなら戸籍こそがベストであったはず。また、番号は氏名に優先するもので、反映の速さは問題にはならないはず。この支持は単に自治省を後押しする政治的なものにすぎません。

「納番制は政策か？」

納税者番号制はあくまでも税の公平負担の手段であって、目的ではあり得ません。総合課税方式を取り入れ、税の公平負担を図る計画のない今、納番制の導入は必要性を失っています。民主党はこれを政策目標に掲げるのではなく、不公平税制を廃止する具体案を政策提示すべきです。

カード（Q23・二〇二ページ参照）もそのひとつです。今後もこうしたものが次々に登場することが予想されます。

ITカードの本格導入には法改正が必要ですが、そうでないものもあります。水面下で進むものを含め、監視を強める必要があると思います。

韓国に学ぶ

先にも記したように、韓国では一九九八年実施が決まっていた電子カード・システムを、市民の運動によって中止に追い込むことに成功しました。世界有数の管理国家である韓国で、この運動が成功を収めたのは驚嘆《きょうたん》に値します。いま日本は、電子カードの導入を決め、韓国を越えようとしています。にもかかわらず、広範な反撃が見られない。韓国の経験に学んでみる必要がありそうです。

二〇〇〇年二月、運動の中心的なメンバーにインタビューしました。彼らはいまも住民登録にある指紋押捺制度に反対して戦っています。考えてみれば住民登録も指紋登録も日本が発明した支配技術。それを潰《つぶ》せなかったわたしたちの情けなさが際立《きわだ》ちます。彼らがアジア全体のために闘っているんだという意識には敬服させられます。

「勝因は金大中政権ができたこと。しかし彼が阻止に熱心だったわけではありません。彼に真剣な取り組みを求めさせたのは私たち市民のロビー活動です。導入されたら海外へ出る、とか、死んでもそんなカードは持たない、といった悲壮な覚悟で取り

「社会保障番号制」浮上

二〇〇一年六月一一日、政府の経済財政諮問会議が「経済財政基本方針・最終素案」をまとめ、郵政事業民営化の検討とともに社会保障番号制の導入を盛り込みました。「年金番号制」で敗北した厚生省の逆襲です。この裏には郵政民営化で総務省と対立する小泉純一郎首相に擦り寄る財務省があるはずです。総務省の権力基盤の切り崩しに、道路特定財源（これを確保したのは自治・警察・運輸の内務省族です）の一般会計化と、地方交付金（これを確保したのは自治省です）の大幅削減を打ち出した財務省の次の一手が「社会保障番号制」、つまりは住基番号制の国民総背番号制化の阻止なのかもしれません。

組んだ人も多かった。いま取り組んでいる指紋との戦いも電子カードとの戦いと同様、国家管理から人権を守る同一線上にあるもの。と同時に、これは韓国一国の問題ではなく、東アジア全体の問題だと思っています。韓国民衆がこの国家管理に甘んじれば、それはアジア全域に広がっていく。タイもマレーシアも韓国を真似るでしょう。日本の総背番号も韓国を真似たものだったのではないか。日本の市民運動の敗北は、必ず韓国にも影響する。韓国でも再び電子カード導入の問題が取りざたされることでしょう。アジアへの影響も甚大です」運動の支柱だったキム・キジュン弁護士。

「韓国ではいま、デジタル監視社会への急速な傾斜が強まっている。監獄内に監視カメラが導入されているし、企業の工場現場への導入も進んでいます。職制の直接監視が進む中、労働者の相互監視も強まっている。こうした事態を阻止するためには戦略的な反撃の構想が必要です。国境を越えた協力体制を築くことが大切でしょう」パク・ライグン人権運動サランバン事務局長。

「われわれが主張を固めるにあたって、世界の情報が役立ちました。世界の運動にとても感謝しています。昨年の日本のできごとに対しては『韓国でも導入できなかったものを、なぜ日本が導入するのか』と言いたい。世界史的、国際的意味を考えるべきです。今後は住民登録そのものを対象にした運動を展開したい。国家管理の強化を許さない、国を越えた統一行動が必要です」オー・チャンイク人権実践連帯代表。

Q22 マスコミが反対している個人情報保護基本法案は評価できますか？

いま、個人情報保護基本法案が国会に上程され、審議されようとしています。従来の保護法の欠陥を埋めるものだそうですが、そう評価できるものなのでしょうか。

まやかしの基本法案

政府は二〇〇一年三月、「表現の自由を脅かす」として、マスコミ各界から強い反対の声が出ている「個人情報保護基本法」の上程を閣議決定しました。「個人情報の保護」を民間にも広げ、従来の「個人情報保護法」の欠陥《けっかん》を補う、というこの法案、一見お勧めのように見えますが、実際にはとんでもない狙いを持っている、というほかはありません。

従来の保護法が欠陥だらけのザル法であることはこれまでも指摘してきたとおりです。中でも大きな問題なのは、民間や政府の外郭団体《がいかくだんたい》、地方自治体や第三セクターなどが保有する個人情報については事実上、野放し状態にある点です。そこで、以前から、民間をも包括する「個人情報保護法」の制定が求められてきたのです。これを一般に「包括的《ほうかつてき》個人情報保護法」と呼んでいました。

総務省を代表とする政府（なかでも旧総務庁・自治省）もまた、民間を規制対象とす

「政府外郭団体」

外郭団体には公団・公社などの特殊法人のほか、さまざまな保護を受けている公益法人（財団法人、社団法人）があります。それぞれの団体は各省の仕事に協力している、ということで外郭団体と称されていますが、そのトップには各省庁の役人が納まるなど、自分たちの天下り先として、自分たちが作ったものも少なくありません。こうした団体は省庁とのパイプも強く、公団や公社など、政府に準じた仕事をしているところもあるため、プライバシー保護の網から漏れていることを合理的に説明することが難しいのです。怪しげな団体もあるので、野放しは危険きわまりないのです。

る「個人情報保護法」を必要としてきました。その理由は四つあります。

(1)現行の「個人情報保護法」制定時に速やかな改定を約束していた。(2)基礎年金番号批判の際、国際基準(OECD八原則)を満たしていないという主張をした。(3)EU指令に反すると名指しされたアメリカがEUに屈し、日本が取り残された。(4)住基ネットワーク導入に当たり、民間への規制が叫ばれた(公明党の賛成はこれを条件にしている)。

とはいえ、今なお国際基準に合致した個人情報保護法制ができないのはこれまで見てきたとおり、戸籍など、それ自体が個人情報保護に抵触《ていしょく》するファイルを、政府や自治体が数多く抱えているからにほかなりません。「センシティブ情報を持ってはならない」という、ヨーロッパの常識に、日本政府が追いつけないからなのです。

そこで政府は(4)の解決を探る振りをしながら、新たな「個人情報保護法」の枠組みを模索します。主要な狙いは(4)ではなく、(3)、すなわち、EUに対して日本の法整備が進んでいる、と見せかけ、「EU指令に反しない国である、と、認定してもらう」ことにありました。そこで考えられたのが、EUなどとは規制の枠組みを異にする法体系を作り出すことです。単純な比較を不可能にし、ごまかすことです。

「個人情報保護基本法」の考えは、こうした中から浮上します。欧米が追求してきた規制の枠組みである個人データ(ファイル)の保護を、民間を「包括」して確保するのではなく、欧米が別枠と考え、規制の対象外としてきたマスコミ報道、芸術表現

「修正による妥協の声も」

政府の目論見どおり、問題がマスコミ表現に集中し、これさえクリアーできれば「基本法案」を成立させてもいいんじゃないか、という空気が与野党の中に生まれています(民主党は廃案を目指すことを決定)。「基本法案」が一九八二年の行政管理庁案よりも大幅に後退したものであることをすっかり忘れてしまっているのです。プライバシー保護は絶対に必要ですが、「基本法案」は保護をまたまた遠い将来の課題にしてしまうものです。

「二〇〇一年五月二九日『朝日』に掲載された意見広告」

マスコミ一六社による共同アピールですが、最後の一文「出版社をはじめとする、すべてのメディアは法規制の対象外とすべし」に、フリーのライターが含まれていないことが問題になっています。また、メディアとは何かを決めるのも政府である、というのも問題にされています。

をも含めた「個人に関するあらゆる表現」を規制する「基本法」を作ろうというのです。

こうすれば当然、表現の自由や知る権利などと抵触し、反対の声が上がるのは目に見えています。その結果、規制は緩やかなものにならざるをえず、保護は骨抜きになります。しかし、欧米に対して、日本は「基本法」を持っている、と胸を張ることができます。欧米以上に広く規制している、個人情報の保護に熱心だ、ということができます。が、これはもちろん「見せかけ」なのです。欧米並みの保護がしたくないから、あえて、規制を表現にまで拡大したのです。

表現とデータ

表現というスタイルをとろうが、データというスタイルをとろうが、個人を特定する表示はすべて個人情報です。こうした表示からプライバシーが保護される（他の価値との対比において）必要があるのは当然のことです。しかし、近年の個人情報保護の流れが「データからの保護」を中心に語られ、「表現からの保護」を除外してきたのは理由のないことではありません。

データに近い表現や、データを含む表現はありますが、データと表現は基本的に異なります。データは人を類型化し、評価に供するものですが、表現は表現者の個人的な思いの表明で、それが貴重なのは表現者の個性と強く結びついたものだからです。

読者のみなさまへ

「個人情報保護法案」に反対する共同アピール

国民の「知る権利」と「言論・出版の自由」がいま風前の灯です。巨悪の逃げ道をつくってよいのでしょうか？

意見広告

誰もが経験していることですが、心当たりのない民間業者からのダイレクトメールや電話によるセールス、またネット上での個人情報の悪用など、あってはならないことが頻繁に起こっています。「どうして私の電話番号、住所や家族構成が漏れているのか」「どこから、誰がどのようにして入手しているのか」――これらを規制するための法律の整備はぜひとも必要です。

その法案が「個人情報の保護に関する法律」案です。そもそもこの法案は、個人情報を大量に抱える官公庁や民間業者から、個人のデータの漏洩、流出、不正使用を防ぐ目的でつくられたものです。ところが、民間の情報取扱業者への規制と報道機関への規制が同列に扱われたことで、まったく別の様相を帯びはじめました。

「法案」は基本原則と義務規定などから構成されていますが、その基本原則には個人情報に対して〈利用目的を明確にすること〉〈適法かつ適正な方法で取得のこと〉〈本人が適切に関与できる透明性を保つこと〉など五項目にわたる条文が連ねてあります。この基本五原則をメディアの取材現場に当てはめますと、報道対象となる人物・団体から、何の目的でどんな取材をしたのかに始まり、情報源をあきらかにせよ、記事内容・タイトルを事前に示せなど、メディア側へのさまざまな要求が想定され、これによって取材活動が大幅に制限されることになります。

出版ジャーナリズムは月刊誌、週刊誌を問わず政治家、高級官僚をはじめ公権力の不正、腐敗、堕落を告発、追及してきました。また政官界による情報の独占、支配を排除し、広く国民の「知る権利」に寄与してきたという自負もあります。

ところがこの「法案」では公人と私人の区別もなく、政治家、高級官僚までが保護の対象とされています。政官財の贈収賄事件、あらゆる汚職事件、背任横領事件など極秘裏に周辺取材や証拠固めなどをすすめている最中に法律の「五原則」が悪用され、本人からの抗議によって取材中断、報道不能に陥ることになりかねません。これでは権力の監視装置としての報道機関の役割は果たせません。「事の真相」はうやむやとなり、国民の知る権利は失われ、結果として国益が損なわれます。

たしかに法案では言論・報道機関に配慮して、一般企業・民間信用情報業者へ適用する義務規定の適用除外項目として「放送機関、新聞社、通信社その他の報道機関 報道の用に供する目的」という一項を入れています。しかしここには「出版社」の文言はありません。また活字の仕事を主としている作家、評論家、ノンフィクションライターも報道機関とは見なされず、対象外扱いなのです。結局、報道に値するか否かの審査は、主務大臣のサジ加減ひとつで決められることになってしまいます。報道ではないとされれば、民間情報取扱業者と同列になり、勧告、命令に従わなければ罰則規定が適用され、六カ月以下の懲役または三十万円以下の罰金が科せられることになります。

これが民主主義社会の根幹を揺さぶるいかに怖しいことかは、戦前の言論弾圧の歴史が証明しています。読者のみなさま、「個人情報保護法」を巨悪の隠れ蓑にしてはなりません。

われわれ出版十六社はここに改めて「出版社をはじめとする、すべてのメディアは法規制の対象外とすべし」と主張いたします。

二〇〇一年五月二十九日

学習研究社　角川書店　講談社　光文社　実業之日本社　集英社
主婦と生活社　小学館　新潮社　ダイヤモンド社　東洋経済新報社
徳間書店　扶桑社　双葉社　文藝春秋　マガジンハウス　（五十音順）

このような個人的表明は、たとえ個人を対象にした表現であっても、社会的評価に直結するものではありません。ニュアンスは、その受け手によってもまた異なってくるのです。

差別表現のように、表現者の個性とは関係なく、社会的に固定された評価を伴う語彙《ごい》（もしくは類型）は、表現というよりもデータに近いものと考えられます。したがって、直ちに制裁の対象となるような表現も存在します。しかし、文脈とは無関係に評価が固定化されている語彙はそれほど数多いわけではありません。規制（制裁）が必要かどうかは個々の表現そのものに則して判断しなければならない場合が多いため、データのように簡単ではないのです。

いや、問題は逆でした。表現の規制の必要からプライバシー裁判が始まって、その権利が確立してきたのです。そこでは表現そのものに則して判断が下されてきました。こうした解決のやり方（事後規制）はそれ自体正しいのです。しかし、近年、コンピュータの発達で、新たな問題が生じてきました。それがデータ処理という名の評価を伴う個人情報の一人歩きです。そして、このデータ処理には表現とは異なる規制（事前規制）が可能だ、必要だと気づいた。これが欧米の（とりわけＥＵの）個人情報保護立法の枠組みなのです。

つまり、個人情報保護の手法において、「データからの保護」と「表現からの保護」は決定的に異なるのです。これを「基本法」の名のもとに統合してしまっては、いけないのです。データには無用な類型、有害な類型など、それ自体を類型化することが可能で、被害者があろうとなかろうと、事前に禁止したり廃棄したりできるものが少なくありません。

表現の中にもこうしたデータを含むものはありますが、これについては事後的な制裁しかありません。事前検閲は表現の自由を決定的に損なうものであるため、事前の規制はなじまないのです。表現者の責任をいっそう強化（署名の励行など）し、事後的な制裁を明確化（罰則を重くし、原状回復の道を広げるなど）する必要はありますが、「個人情報保護基本法」の中で、扱われるべきではありません。

「データからの保護」と「表現からの保護」を同時に規制しようとすれば、どちらもあいまいなものになります（それが狙いなのですが）。表現の自由をあいまいなままに放置しておくと、危険であるということも、忘れてはなりません。また、報道表現の使命には正確なデータを迅速に伝えることが含まれ、個人データの開示が避けられません。したがって、個人データの扱いにおいて慎重であることが望まれますが、それを事前に取り締まる（検閲を含む）ことは絶対に避けなければなりません。

保護基本法の中身

基本法は一見、プライバシー保護に前向きのように見えます。基本原則は五項目にまとめられていて、(1)利用目的による制限、(2)適正な取得、(3)正確性の確保、(4)安全

「日弁連の大綱批判」

二〇〇〇年九月に出された「個人情報保護基本法に関する大綱」に対する日弁連の「意見書」（二〇〇一年二月）には「電子政府の実現に当たり、公的部門を対象とした個人情報保護に関する法整備が優先的に策定されるべきであり、それまで改正住民基本台帳法は施行されるべきではない」とあります。「大綱」と「法案」には違いもあるが、日弁連のこの指摘は「法案」に対してもそのまま当てはまると思われます。

性の確保、⑸透明性の確保、の五つです。ＯＥＣＤの八原則をうまくまとめ直していますが、そのためにあいまいにされた点が少なくありません。

本人のアクセス権に対する開示も有料化が前面に出て、データが本人のものであるという認識に乏しく、苦情も「処理法人」という窓口をもうけて間接化させ、データ所有者の直接責任を薄めています。

また罰則は主務大臣に対する報告義務違反（三〇万円以下の罰金）、命令違反（六カ月以下の懲役又は三〇万円以下の罰金）で、違法データの蓄積が直接罰則を発動させるものではありません。主務大臣が改善命令を出し、それに従わなかった場合だけなのです。これでは被害者が出る前にデータを規制することはほとんど不可能で、被害者が出てからもなお流出を止めることができない仕組みなのです。

これでは独立の監督機関が規制を執行することは不可能ですし、主務大臣の裁量権があまりにも巨大なものになりすぎます。住民基本台帳、配達情報ファイル、預金者ファイルなどを主管する総務大臣（主務大臣は総理大臣の任命だが）がこのような監督の全権を握るのは許しがたいことです。ましてや郵政省を飲み込んだ総務省には放送の許認可権があり、マスコミのコントロールも可能な官庁なのです。

ところで、基本法五原則を国連のガイドラインと比べて見ると、センシティブ・データの収集禁止、すなわち非差別の原則がないことがすぐわかります。

これまでの「民間部門における個人情報保護に関するガイドライン」にさえ「人種

「聞いてあきれる『基本法案』」

「基本法」を名乗るのなら、『地名総鑑』のような差別データの売買に対処できてしかるべきです。ところがマスコミ規制という横道に走ってセンシティブ情報の定めもなければ、マニュアル・データへの全面適用もないお粗末な法案であるために、個別の救済策が必要になっています。（Ｑ５・四〇ページ参照）

及び民族、門地及び本籍地（所在都道府県に関する情報を除く）、信教、政治的見解及び労働組合への加盟、保健医療及び性生活に関する内容を含む個人情報は本人の明確な同意がある場合、又は法令で規定がある場合を除き、収集してはならない」とあったのですから、基本法にこれがないのは奇異というほかはありません。

独立監督機関がないのは、すでに指摘しましたが、データの消去規定が一切ないことも気がかりです。そしてまた、基本法大綱が規制は「マニュアルデータにも及ぼす」としてきたのに対して、法案は「政令で定めるもの」に限定してしまっています。戸籍を規制の対象から除外しようという魂胆《こんたん》です。

その結果、政府保有以外のマニュアルデータも規制できないことになります。政府が知らないデータファイルを「政令で定める」ことはできない（届出制ではないため）からです。部落地名総監のようなものも事前に規制することはできないわけです。

ところで、法案の命である「個人情報」の定義は「生存する個人が識別できる情報」すべてであって、欧米が問題にしてきた「個人情報データベース」にストックされている「個人データ」よりも遥かに広い概念です。そして先の五原則は「個人データ」に限らず「個人情報」すべてに適用するとしているのです。

その上で、突然に主務大臣は「表現の自由、学問の自由、信教の自由及び政治活動の自由」に配慮する、として、大臣に原則からの除外権限を委ねています。いったい、これらの憲法上重要な事項を、主務大臣の配慮で片付けてしまえるものなのでしょう

プライバシーは誰のためにあるのか

プライバシーの権利というものは従来の定義でも新しい定義でも、個人に属する権利であることに違いはありません。侵されるのは具体的な個々人だからです。したがって保護のための規制は市民一人一人のものであり、権力のものではありません。市民だれもがチェックできるものでなければならないのです。そのためには明確な規制の基準と、運用に対する市民の関与が可能でなければなりません。大臣が市民を守ることを口実に、裁量権を手に入れ、市民の権利の上に君臨してはならないのです。この大原則を踏みにじる保護基本法は、プライバシー保護の前進などでは断じてありません。これによって前進するのは国家権力であり、国家権力の肥大化は、プライバシーの危機にも通じるのです。プライバシー保護を口実に、こんな法案が出現する——日本は恐ろしい国です。

か。総務大臣や国家公安委員長（主務大臣に任命してもよいとされている）の主管事項を明らかに超えています。

雑則で報道機関、研究機関、宗教・政治団体の適用除外を謳っていますが、努力義務を謳うなど、ここにも主務大臣の介入する余地が残っています。また、二〇〇一年に施行された行政改革で郵政省を取り込んだため、総務省は放送の許認可権を握りました。こうした官庁が主務官庁として、灰色部分を含む法律の運用を行なうのも、許しがたいことです。

対象を「個人データ」に限った法にした上でマスコミ等を除外し、明確な罰則と事前規制、データ（すべてのマニュアルデータを含む）の廃棄処分を含む原状回復措置を規定し、これを運用する独立監督機関を内閣府の元に設けるべきです。つまりは国際的に通用する強力な包括的個人情報保護法をつくれ、ということです。

個人情報保護基本法は、政府にマスコミを規制する足場を与え、政府批判を許さない国づくりを目指したものだということができるでしょう。そして、法案の成立は、みんなが待望していた国際基準をクリアーした包括的個人情報保護法の成立を、絶望のかなたへと追いやるものです。法案の成立を許してはなりません。

総背番号制との関係

住民基本台帳ネットワーク・システム導入の前提として、民間をもカバーする個人

「宮崎学のホームページ」

マスコミの立場から個人情報保護基本法に反対している宮崎さんのホームページ。このサイトはエシュロンやNシステムなど、監視社会全般に警告を発しています。

http://www.zorro-me.com/

情報保護法が必要だ、ということで「必要な措置を講ずる」という条件がつけられましたが、総務省は改正住基法の中でプライバシーは十分に保護されている、とし「必要な措置を講ずる」ということが包括的個人情報保護法の導入を意味するものではない、という立場にあります。

つまり、公明党と合意し、「必要な措置を講ずる」という一文を法案に組み込んだ自民党、自由党がどう考えているのかが問われています。とりわけ公明党にとっては、包括的個人情報保護法の導入が、賛成の前提条件だっただけに、これなしにネットワークがスタートするとすれば、政府にコケにされたにも等しいことです。

では、個人情報保護基本法が公明党の考えた「必要な措置を講ずる」ことになるのかどうか。

民間に対しては不十分ながらも、手当てを講じた、と考えることも可能（ただし実効性を持つには分野別の保護法制定が前提になる）です。しかし、基本法は従来の政府に対する個人情報保護法よりも踏み込んだ内容を持っているため、「政府は、個人情報の保護に関する施策の総合的かつ一体的な推進を図るため、個人情報の保護に関する基本方針を定めなければならない」といっており、これがなければ政府機関であれ地方公共団体であれ、民間であれ、個人情報保護の対策は十分ではないことを意味します。

すなわち、内閣総理大臣が国民生活審議会の答申を受け、基本方針案を作成し、閣議決定を見なければ個人情報保護基本法は有効に機能しない仕組みになっているので

二〇〇一年五月六日「監視社会とプライバシーを考える集い」で個人情報保護基本法案の問題点を報告する筆者

右の集会を主催した、監視社会に反対する人々がつくるホームページ
http://www.han-kanshi.net/

す。したがって、この法案が成立したとしても、それによってネットワーク・システム実施の環境が整ったことにはなりません。

また、総務省は住民基本台帳法に定めたプライバシーの保護レベルが、基本法が定める基本方針をクリアーできるのかどうか、その結論を待たないうちにネットワーク・システムの見切り発車をするべきではありません。

これを恐れてのことなのか、総務省は二〇〇一年三月、従来の政府部門に限った「個人情報保護法」の見直し（基本法をクリアーしていないため）を進める審議会の開設を決めています。この行方にも注目すべきでしょう。

個人情報保護基本法案をチェックする

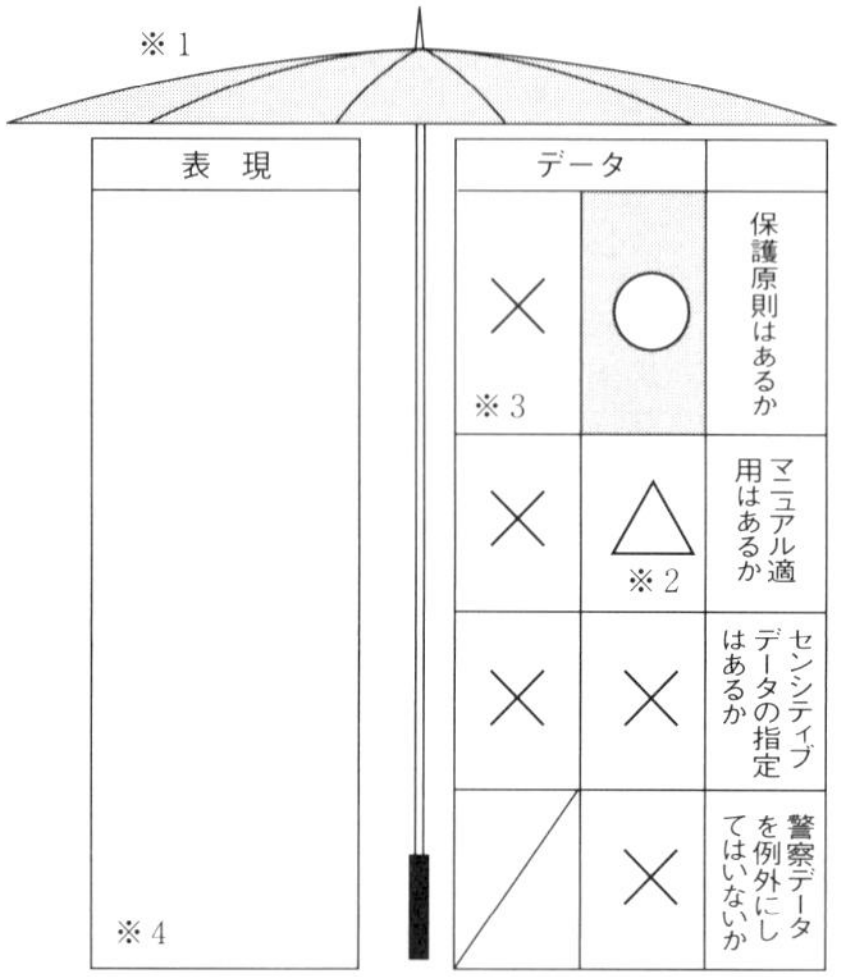

※1 この傘こそが個人情報保護基本法案
※2 行政機関の個人情報保護法を改正して一部カバー
※3 個別分野法の制定で対処を予定（アメリカ並の空白が予想される）
※4 例外とせず取り込みながら除外している（総務省は内容が空白でも表現に傘をかぶせるのは絶対に譲れない一線と発言）

一九九〇年代のアメリカ

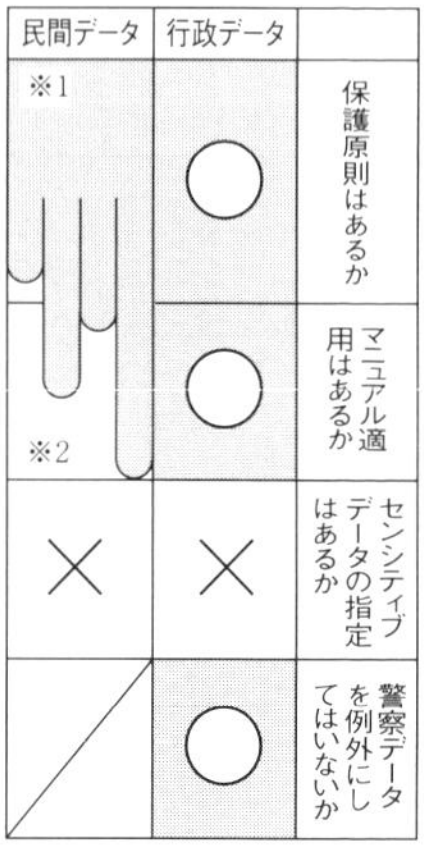

※1 個別分野法ごとにばらつきあり。
※2 ヨーロッパより、この空白が問題にされる

一九九九年のアメリカ

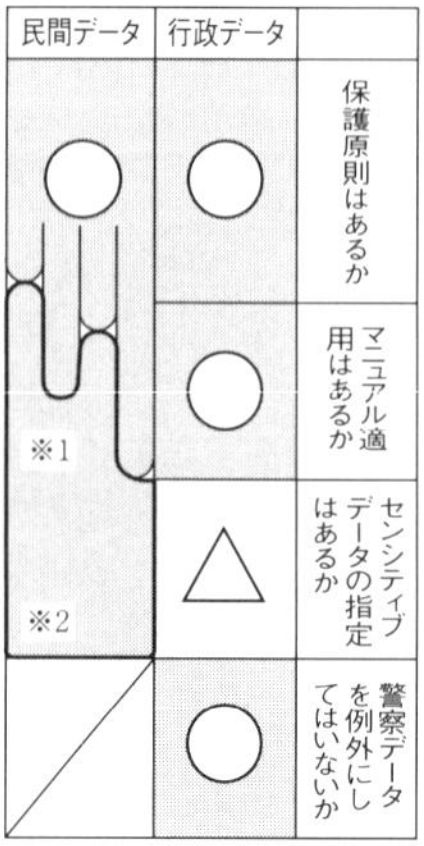

※1 一九九九年「国際プライバシー安全基準」で国際送受信に限りカバー。
※2 ただしセンシティブデータの規定はなく、相手国法に依拠。

プロブレムQ&A

Ⅳ

やってきた監視社会

Q23 テクノロジーは人間を超え、どこへ行こうとしているのですか？

技術の進歩は「便利」と「安全」を名目に急速にわたしたちの管理を強めているように思えます。予想できる究極の管理の姿って、どんなものなのでしょうか？

非接触カード

世界最大の諜報機関《ちょうほうきかん》、ＮＳＡ（アメリカの国家安全保障局）の行政官（ジョン・ボイド扮するレイノルズ）の指示により、テロ防止を名目に上程された通信傍受法に反対する下院議員が暗殺される。その現場が映ったフロッピーディスクを偶然入手してしまった弁護士（ウィル・スミス扮するディーン）が、ＮＳＡの追跡網から必死で逃れる。その緊迫したアクション・シーンを売りにした映画が一九九八年に製作されたハリウッド映画（監督デビッド・マルコーニ）『エネミー・オブ・アメリカ（enemy of the state）』です。

弁護士の体には六つものマイクロ盗聴機が密かにつけられ、携帯電話には位置を知らせる発信機が組み込まれ、会話が盗聴され、行動が衛星によって監視されます。発信機に気づき、破壊しても、街角の集音マイクや公衆電話、カードの読み取り機（ＡＴＭ）やコンビニの監視カメラなど、あらゆる装置が、即時にＮＳＡに集められ、瞬時に手配されて、追っ手に取り巻かれることになるわけです。映画の中でレイノルズは「われわれに盗聴できないものは、まだ頭の中にあるものだけさ」とうそぶいて見せるのです。

この映画はもちろんフィクションですが、アメリカではどこまでが現実かということで議論が起きました。「衛星が個人を追跡して位置を変えるなんてことはない」「コンビニの防犯カメラがNSAのコンピュータとオンラインで結ばれているなどということはない」などのもっともな指摘もありますが、「技術的にはほとんど可能」「数年後には現実になる」という点では、議論に対立はなかったそうです。

映画製作に当たってスタッフはNSAに取材を申し入れていますが、これは断られたそうです。が、代わりに内部の見学を許可され、そのレポートがパンフレットになっています。それによれば、もう用済みになったツールとして、先端にカメラが仕込まれたツマヨウジ、タイプライターの音だけで文章を再現するコンピュータ・ソフトなどが捨て置かれていたそうです。そして、「現実はできあがった映画よりも先を行っているのかもしれない」と結んでいます。

映画の中で「衛星から、キミの時計の針だって読める」というシーンがあり、「オーバーだ」とする議論もありましたが、どうもこれは現実のようですし、一九九六年四月には無線電話に組み込まれた発信機の電波をキャッチされ、チェチェン共和国の独立派の旗手・ドダエフ大統領がロシアのスホイ戦闘機に爆撃され、死亡しています。

『アメリカ』を越えた名古屋

愛知県警は名古屋市内のコンビニの防犯カメラと県警のモニターとをオンラインで結ぶ実験を開始しました。希望するコンビニと結び、コンビニがスイッチを入れると画像が県警に送られ、不審人物であればその旨がコンビニに通知されます。『エネミー・オブ・アメリカ』の世界は先に名古屋で実現するかも……。

発信電波をキャッチしたNSAがロシアに通報。グロズヌイ近郊の寒村ゲキチュの民家に潜伏していた大統領の一メートル横で、スホイのミサイルが炸裂《さくれつ》しています。こうなるともう、現実のほうが映画の想像力を超えています。

静態管理から動態管理へ

人間の管理は今、静態管理から動態管理へ、そして動態監視へと移っています。静態管理とはその人の過去のデータを集積して、現在に最も近い過去を推定したり把握したりするものです。動態を把握しようという試みは昔からあり（一八九九年「宿泊届その他の件」）、現在でも「宿帳」として残っています。そこには確かに「次の宿泊地」を書かせる欄もありますが、それはあくまでも予定に過ぎません。もちろん過去のデータのそれぞれはある一点の静止情報なので、現在の行動を把握することは困難なのです。

しかし、テクノロジーの発達は、人の現在の行動を把握する動態管理を少しずつ可能にしています。

タイムカードはその人物の出社を推定させますし、タコメータはクルマの動きを記録し、運転手の勤務状況を推測させます。GPS（全地球測位システム）はその人の位置を発信することから、外交員の勤務管理に利用されるようになっていますし、発信装置つきの携帯電話が子ども向け、お年より向けに販売されるようになっています。

また、自動改札機も最新のものは乗り換え記録がカードに残るようになっています。

こうした管理を行政でやろうという試みが、「住民基本台帳ネットワーク・システム」のカード化（ICチップを組み込んだIDカード）です。つまり、ふつう国民総背番号制といわれている部分はデータを集積する際のコード（キーナンバー）を指すので、これは静態管理だといえます。しかし、同時に発行されるカードの主目的は動態管理にあるので、従来の国民総背番号制批判ではすまないものがあります。

動態を把握しようとした「宿泊届その他の件」の一部は、その後「外国人の入国、滞在及び退去に関する件」を経て、「外国人登録法」になっています。これが外国人登録証の常時携帯制度（カード化）を取り込むようになったのも、動態管理を目的にしたものです。しかし実際にはカードの利用機会を頻繁《ひんぱん》に（提示する場面の日常化）しなければ動態管理にはなりません。

そこでどうしても必要になったのが日本人のカード携帯なのです。日本人にも常時携帯義務を持たせ、持たなければ町も歩けないような「国内パスポート」になれば、動態管理はほぼ完璧です。カードリーダー（読み取り端末）に通した情報を刻々と集積すれば、ドダエフ大統領のように、行動を完全キャッチされるのです。

そこまでできなくて、当面、希望者限りの配布であっても、「あったら見せてください」という要求が可能になるため、外国人登録証を提示する場面は確実に増えていきます。そしてまた、日本人も「あったほうが便利」になり「全員交付」になり、つ

「人のクルマなみ管理」

車検（納税）をしなければ町を走れない、この状態を作ったのが地方自治情報センターだったことを思い出していただきたい（T—2参照）。このセンターが今度は人間の番号とカードを握ります。財務省がなくても徴税が可能になるのはもちろん、人の車なみ管理（対人Nシステムなど）が始まる恐れが強いのです。

いには「常時携帯提示義務」が課せられることになります。

このような動態管理を狙っているカードはほかにもあり、それぞれに警戒が必要です。次にそのいくつかを挙げておきます。

●ゼロ免許証（警察庁）　身分証明書代わりに、運転免許を持たない人にも共通に発行されるＩＣ（集積回路）カードの運転免許証。偽造の防止、違反処理の自動化、国際標準化への対応などが目的で、二〇〇四年頃の導入を目指している。

●スマートプレート（国土交通省）　車検情報などを記憶させたＩＣチップを自動車のナンバープレートに組み込み、交通のコントロールなどに利用するもの。実証実験中。

●カード型保険証（厚生労働省）　従来の家族セットの保険証を、個人個人のカード型にしたもの。ＩＣカードにするかどうかは各保険者（保険組合）の自由。将来は電子カルテから医療情報を引き出すキーにする。二〇〇一年四月から順次実施。

●介護保険カード（厚生労働省）　市町村の介護保険証をＩＣカード化し、半年毎の介護認定の見直し（書き換え）に、能率よく対応する。在宅サービスの利用結果ばかりではなく、ケアプランなども書き込む予定。二〇〇一年、検討会設置。

●国民ＩＴカード（経済産業省）　他のカードを取り込むことのできる大容量（三二ビットＣＰＵ内蔵、六四キロバイト・メモリ）の非接触型ＩＣカード規格。総務省・

厚生労働省・地方自治体とともに、住民票データ、保険証、定期券やキャッシュカードなどとの共用を狙う。二〇〇一年、五〇〇万人を対象に実証実験。

●シニアパスポート制度（東京都）　都が発行する六五歳以上の高齢者向け顔写真入りの身分証明書で、行政サービスのほか施設利用割引を組み込む。将来は健康保険や介護保険と共用できる多機能カードを目指す。二〇〇二年、試験導入。

究極の管理

「住民基本台帳ネットワーク・システム」のカードが発信機能のついた接触非接触両用カードになる、ということを述べました（Q20・一七二ページ参照）。非接触カードとはカードに発信機能を組み込むことで、読み取り機に通さなくてもカード内容が確認でき、書き込み書き換えが行なえるものをいいます。これは動態管理をいっそう効果的にし、動態監視を可能にするものです。

すでに、公衆電話のプリペードカードの一部に、この非接触型のものが採用されています（発信電波が弱く、プレートに置くので非接触とは認識されていないが）が、欧米では買い物の支払い（レジ）などで広く使われています。二〇〇一年からスタートした高速道路でのＥＴＣ（ノンストップ自動車料金収受システム）も、カードそのものがデータを発信するわけではありませんが、発想は非接触型カードとおなじものです。

自ら位置を明らかにし、行動を通知するために自動的に発信する、というのは監視するものに好都合です。小さな発信機を衛星で追跡する渡り鳥調査などはもう大規模に行なわれています。位置を発信するばかりではなく、そのリアクションを受け入れ、行動を修正するのが、衛星によるクルマの自動運転システムです。

経済産業者で研究されている国民ＩＴカードは、この発信機能をいっそう強力にしたもので、次世代の住民基本台帳カードに利用されるものと思われます。

こうなるともう動態監視を越え、行動のコントロール（動態制御）になります。究極の管理である意識のコントロールまで、もう一歩です。常に監視されている、ということで意識はコントロールされますが、直接脳に働きかける何らかのコントローラーが発明されることになるでしょう。

管理する側にとって残る問題は、発信機やコントローラーを本人が装着し忘れたり、意図的にはずしてしまったりするのを防ぐことです。この解決はすでに構想されています。一九九三年のアメリカ映画、シルベスタ・スタローン主演の『デモリションマン』（マルコ・ブランビヤ監督）に出てくる皮下埋め込み式のＩＤ発信機です。バイオ組織で作られ、生体と一体になってしまうので取り除くことはできません。これを全員が生まれると同時に埋め込まれるのです。

この結果、デモリションマンの舞台である二〇三六年の世界では、犯罪というものが消滅しています。そして、日常の言動がことごとくチェックされ、汚い言葉をしゃべるだけで街角のブースから違反切符が吐き出されます。映画はこうした社会を批判

ペットの管理にチップ埋め込み

ペット（特に犬）の管理に、従来の鑑札（ＩＤプレート）に代わるものとして登場してきたのが、マイクロチップの埋め込み技術です。これは鑑札番号や飼主情報などを記録したマイクロチップをペットの首の後ろの皮下に埋め込み、外から専用読み取り機を当てて読み取るものです。ペットのため、と称して、急速に普及が進んでいます。

的に、滑稽《こっけい》に描き、主人公にそこからの解放をさせてみせます。

しかし現実は、この無犯罪社会を理想とし、完全管理社会を夢想して突っ走る役人であふれ返っているかに見えます。国民もまた、行政に対してそのようなパーフェクトな管理、公平無比な管理を期待し、それが行き過ぎることに対するブレーキを持ちません。そうした社会がどこか不気味で気持ち悪い、と思える健全な直感だけが頼りです。が、その直感はどうしたら養われるのでしょうか。

Q24 Nシステムというのも未来テクノロジーの一つなんですか？

警察が密かに進めているものに自動車ナンバーの捕捉システムというのがあるそうです。わたしたちの税金で、こっそりなにをやろうとしているのですか。

一つの判決

二〇〇一年二月六日、東京地裁の六一一号法廷で、あるプライバシー権裁判の判決が下されました。警察庁が全国に張り巡《はめぐ》らせている自動車ナンバー自動読み取りシステム（Nシステム）がプライバシー権を侵害し、憲法一三条に違反するものだとして訴えた裁判で、判決は「原告の請求を棄却する」というものです。Nシステムを違憲だとはいえない、というのです。

といっても、「Nシステム端末のテレビカメラによって搭乗者の容ぼう等を撮影し、……記録・保存されているとすれば……憲法一三条の趣旨に反する……。公権力による国民の行動に対する監視があるとすれば、その監視の目的、方法の如何によっては国民の私生活上の自由に対する不当な侵害として、憲法一三条の趣旨との関係で問題になりうる」としている。つまり、撮影し、監視していることを立証できなかったから棄却されたのであり、立証できていれば違憲であったかもしれない、といっているのです。

設置された監視カメラはすでに全国で七〇〇カ所を超えています。一基一億円もかかるというのに、警察庁はまったく秘密裏にこのシステムを導入してきたのです。そして今もこれがどんなもので何をしているのかを公表しようとしていません。そのため、市民である原告の力では立証ができないのです。

しかし、個人情報の収集は公開の原則によって、データの収集者に収集の目的や方法、利用の実態を明らかにする義務があります。従来の「個人情報保護法」では警察の個人情報については、公開の原則の例外としています（二〇〇一年四月に施行された情報公開法でも同様）。けれども、国際的には警察も例外ではありませんし、いま出されている「個人情報保護基本法」でも、警察を例外にする条項は見当たりません。

また何よりも、この判決自体が「憲法一三条は国民の私生活上の自由が警察権等の公権力の行使に対しても保護されるべきことを規定しており、この個人の私生活上の自由の一つとして何人もその承諾なしに公権力によってみだりに私生活に関する情報を収集・管理されることのない自由を有するものと解される」と指摘しています。

これを言い換えれば、個人情報の保護に当たっては警察も例外ではありえない、ということでしょう。つまり、公開の原則はNシステムにも当てはまる、ということです。となれば、説明責任は国にあることになります。警察はNシステムの実体を公表しなければなりません。

国側の「画像は記録・保存していない。システムの運用は厳格になされており、情報も一定期間経過後は廃棄されている」という説明だけでは明らかに不十分（どう運用されているのかの説明がない＝透明性の原則違反）なのです。

オービスⅢとの闘い

かつて、「オービスⅢ」という、速度自動取締りカメラを巡る訴訟がありました。「犯罪捜査の必要上、やむをえない最小限の利用」ということで、合憲とされましたが、同乗者がいっしょに撮影されてしまうなど、問題はすくなくありませんでした。

道路交通法の目的は「道路交通の円滑性の確保」なので、スピードオーバーの車両を見過ごしておいて、後で逮捕しても、道路の安全は確保できないのです。そこで、停止や減速の指示が困難な道路（高速道路など）につき、悪質な違反者に限って（三〇キロオーバーなど）撮影する、といっていたのですが、運用の実態はそんなものではなくなっています。

フィルムは高感度になり、ロールフィルムのカートリッジは容量が増えて、全通過車両を撮影することも不可能ではなくなっています。最新のHシステム（自動速度抑制システム）はデジタルカメラで、フラッシュは気づかれないほど弱く、オンラインも可能で、全通過車両を撮影する能力を持っています。しかしこれも闇の中。警察は運用の実態を明らかにしようとはしていません。

そして、これとおなじ方法で、交差点や踏切に監視カメラを設置し、違反車両の摘発・盗難車両の発見を名目に、Nシステムを導入してきたのです。しかし、このシステムは犯罪とは無関係な一般車両のすべてのナンバーをチェックしていることは明らかです。他の監視カメラと決定的に違うのがこれでしょう。これを許せば、次は他の監視カメラすべてが全車両の監視に向けられる恐れがあります。

Nシステムとは

「オービス」の違法性を追及する記事を書いていた筆者は、似たようなカメラが高速道路の料金所にも取り付けられ始めたことに気づいていました。これは不払い通過車両の捕捉のためということですが、通過車両を撮影できるのかどうか疑わしく、成田空港方面の料金所に多かったことから、成田闘争に関係する車両の割り出しに使ったのだろうと解釈しています。

そして次に現われたのが道路をまたぐ形で設置されたバーの上に取り付けられたカメラでした。これもまた最初は成田方面から設置されたと感じていますが、これがいわゆる自動車ナンバー自動読み取りシステム（Nシステム）です。

一九九四年、つくば市の医師が妻子を殺し、横浜の京浜運河に遺体を捨てるという事件が発生しましたが、警察はあの時、医師の運転するクルマが首都高速湾岸線を通過したことを確認した（下見をあわせて二回）、といっています。わたしはすぐ、この

「オービスは日本用機器だった」

「オービスⅢ」はアメリカで開発された取締り機器です。が、当初これは日本への輸出専用でした。というのも、アメリカで設置したものはどれもレンズをライフルで撃ち抜かれてしまうからです。そしてヨーロッパでは人権上の問題から「オービス」は導入されませんでした。日本での抵抗は一件だけ。レンズをスプレーでペイントし、逮捕された男があっただけです。

システムで確認したのだな、と気づきました。事件後、医師の車のナンバーを知った警察が、記録されている通過車両のナンバーを検索したのです。おそらく、事件とは関係のない交友や旅行など、医師のドライブ記録がすべて警察の手に入っているのだと思います。

そして恐ろしいことに、これとおなじことがだれのクルマについてもいえる、ということです。すべてのクルマの行動が、システムを通過するごとに記録され、監視されている、ということです。また、カメラが運転者を撮影しているとすれば、クルマの行動ばかりではなく、同乗者を含め生活の態様（車を貸した友人など）までもが記録され、監視されるということです。

二〇〇一年三月、警察の活動を追ったテレビ番組が、麻薬取引に使われたと思われるクルマのナンバーから、犯人を逮捕するシーンを放映していました。テレビのナレーターが「そのクルマは〇〇交差点付近に頻繁《ひんぱん》に出没する、との情報が寄せられました」といっていますが、寄せられた情報とはNシステムを検索した結果に違いないのです。

しかし、こうした使い方が可能なのは犯罪とは無縁な一般車両をすべて監視しているからにほかならず、違法というほかはありません。番組はさらに、〇〇交差点付近にカメラを待機させ、問題のクルマが現われるのを待ちます。この際、手配車両のナンバーを入力し、システムにヒットさせる。この使い方に限っていうならば犯罪捜査

『Nシステムニュース』を発行している「一矢の会」の連絡先は
〇三－三七八〇－〇九九三
全国Nシステム設置地図は次ぎのホームページにあります
http://www.npkai-ngo.com/

筒抜けのプライバシー
実際この事件でも、遺体を遺棄した直後に、医師のクルマが新宿に立ち寄っていることがつかまれており、歌舞伎町のクラブに寄ったと自白させられていますす。愛人の存在も、このシステムによって把握された可能性があります。

Nシステム（写真・「一矢の会」提供）

上、必要かつ合法だといえるでしょう。

つまりNシステムは違法な使われ方をしているのです。そしてもっと許せないことは、それがどう使われているかをまったく明らかにしないまま、高額の税金を投入して次々に導入し、既成事実化していることです。

日本中に張り巡らされたNシステム監視網、この網の目をさらに細かくしていけば、クルマの行動記録はそれこそ完璧になるはずです。いったい警察はどこまで、そのためにわたしたちの税金を食いつぶそうというのでしょうか。システム導入の結果、車両の盗難が減ったとか、検挙率が上がったと

「女性問題が明るみに」

「中越地方の警察署の課長警部（四〇）が七月、女性警察官との交際をめぐり辞職した問題で、県警がこの元警部の行動を車のナンバー自動読み取り装置『Nシステム』でチェックしていたことが六日、分かった。……身内の行動把握に使ったことに対して県警内部からも『装置の乱用で行き過ぎではないか』と批判の声が上がっている」（『新潟新報』一九九九・九・七）

かいう話はついぞ聞いたことがありません。

人の行動の掌握《しょうあく》は権力の源泉でもあるため、これを特定の組織の勝手に委ねれば、その組織は民主主義の手続きを踏むことなく権力の座につくことになります。政治家のクルマでも外交官のクルマでも例外なく捕捉するNシステムは、警察にとって格好の道具です。わたしたちは警察に、これを許してはなりません。

その他の監視カメラ

警察はこの他にも多くの監視カメラを運用しています。前述したように信号無視を取り締まる、と称して主要な交差点に次々カメラを設置していますし、繁華街《はんかがい》には防犯カメラがあります。また、県庁や市庁舎、区役所の屋上などに防災用と称してカメラを設置するところも増えています。東京都の場合、警視庁が各区役所に申し入れを行ない、設置させているようです。

これは東京の場合だけかもしれませんが、警察官が防災担当として市区町村に出向し、席を置くケースが増えており、職員組合などで問題になっています。警視庁が出向を依頼し、自治体が受け入れているのだそうで、ある種のノルマで断れないのだと聞きます。

彼らが防災無線や防災監視カメラを担当している自治体も数多く、何か不気味なものを感じます。自治体の採用試験とは関係のない、こうした職員が増えるのは問題です。警視庁がいったい何を考えているのか、そのことを明らかにする必要があります。住民のプライバシーが自治体から警察に筒抜けになるのはごめんこうむりたいものです。

Q25 盗聴法ってプライバシーの侵害、憲法違反だと思うのですが……

盗聴法ができた、と聞き、「防止法」ではないかと耳を疑いました。プライバシーが求められている時代に、逆行する法律なんて、憲法違反じゃないんですか。

人間不信のなれの果て

聞いても話してくれないから、ほんとかどうか怪しいから、盗聴器《とうちょうき》を仕掛ける。夫婦、親子、恋人、友人、職場の同僚、労使、そしてライバル……。違法行為だと知っていても、相手を傷つける不正な手段だと知っていても、盗聴は世にはびこっています。これを人間不信のなれの果て、といわずになんと言いましょう。

盗聴器の販売台数はいまや日本国内だけで年六〇万台。盗聴器の発見屋が商売になるご時世です。これに手紙や日記の盗み読み、盗撮や尾行を加えたら、それはものすごい数字になるはずです。

しかし、あまりにも日常的だからといって、これに慣れっこになってはいけないでしょう。この分野での技術の進歩は長足《ちょうそく》で、盗聴器にしても盗撮《とうさつ》カメラにしても、小型高性能化しており、発見は困難になってきています。絶対に許さない、という姿勢を鮮明にしなければ市民生活そのものが成り立たないような事態がやってこないとも限りません。

ツマヨウジの先のカメラでもわかるように「壁に耳あり、障子に目あり」が現実になってしまうのです。

ところで、「盗聴」という言葉には「盗」という字があるため、それ自体が違法で胡散臭《うさんくさ》いものだ、というイメージがあります。だから政府が「通信傍受法《つうしんぼうじゅほう》」を導入しようとしたとき、マスコミがこれを「盗聴法」と報じたことに法務省が抗議。「傍受法と呼んでくれ」といっています。

政府の「通信傍受法」の導入は、どう考えても「盗聴」行為の合法化なので、ここでも「盗聴法」と呼ぶことにします。しかし、この「盗聴」は電話の盗聴ばかりではなく、Eメールの盗み読みなどをも含むので、「聴」という字はぴったりきません。英語にはワイヤー・タップ（wire tap）という言葉がありますが、これも一般加入電話やEメールにはいいかもしれませんが、手紙や携帯電話のようにケーブルを使わないものにはぴったりしません。

インターセプト（intercept）という言葉も使われますが、これだと情報の伝達そのものが阻止されるイメージがあります。そう考えていくと、案外「傍受《ぼうじゅ》」という言葉は使い勝手がいいのかもしれません（ラジオなどの公開電波を受信することも傍受といいますが）。ともあれここでは、「傍受」ではあまりにもしらじらしく、問題の所在が薄まってしまうので、通信の内容を傍らでキャッチすることすべてを「盗聴」と呼んでお

「社内メールのプライバシー」

会社内から発信するEメールにはプライバシーを認めない、というのが昨今の会社事情であるらしい。メールのすべてをチェックし、会社の機密に関することが記載されていないか、個人的な会話ばかりで埋め尽くされていないかを、あらかじめ仕込まれた用語リストで照合し、発信を不能にします。こうしたシステムを採用する会社が急増しています。

くことにします。

盗聴法の成立

通信の秘密は憲法二一条二項で「これを侵してはならない」と定められた権利で、プライバシーの中でも格別の扱いを受けています。人が他者と通信を通じて思いを伝えあうのは、社会的存在者として活動するという、人が人たる所以《ゆえん》を構成するものです。だから、いかなる理由があろうと侵すことの許されない権利だと考えられているのです。

にもかかわらず、日本の警察や公安調査庁などは、これまで何度も「盗聴」をしてきています。一九八六年には神奈川県警の警察官による共産党幹部（国際部長）宅盗聴事件が起き、民事での有罪が確定（九七年。刑事は不起訴）しています。また、覚せい剤取引事件の捜査で山梨県警は「盗聴」を実行。裁判でも「盗聴」による証拠が採用される、ということが起きています。

暴力団と麻薬は、警察が「盗聴」を合法化するための格好の材料と考えられていたのでしょう。暴力団と麻薬、それにテロや国際犯罪に対処する、として一九九八年、組織的犯罪対策三法案が登場。そのひとつとして一九九九年八月、公明党の与党化に伴う態度変更（反対から賛成へ）によって成立したのが「通信傍受法」です。

通信傍受の際は施設管理者を立ち会わせる、などの条件をつけましたが、捜査に関係ない通信を傍受していても停止権がないばかりか、Ｅメールの傍受など、膨大なデータを一瞬でごっそり持っていってしまえるなど、立会いそのものが無意味（なにを傍受しているか、立会人にはわからない）で、「盗聴」の制限とはいえないシロモノです。

麻薬やテロに関係する、ということで裁判所の許可をとれば、その友人であれなんであれ、自由に盗聴できてしまい、しかも、盗聴されていたことが（裁判の証拠として提出された場合以外）本人にもまったくわからない、という仕組みは不気味であり、また危険です。

改正住基法（住民基本台帳ネットワーク・システム）同様、成立後も廃止を求めて運動が続いており、民主党からは「廃止法案」が提出されています。法律は二〇〇〇年八月に施行されていますが、二〇〇一年三月末現在、「盗聴」の許可申請はまだ一件も出されておりません。闘いは今も続いているのです。

アメリカの野望

「盗聴法」を含む組織的犯罪対策三法は、オウム真理教事件との絡みで登場した法律のように見えますが、実際にはアメリカの要求に応えたものです。アメリカは一九八六年、リビアのトリポリを空爆して以来、対共産圏シフトを対テロ、麻薬、武器取引、国際犯罪シフトに切り替え始め、東西冷戦終結後の国際秩序作りの中でメガ・パワーを維持する戦略に出ています。

「巨大なサーバーをなぜ購入」

警察はプロバイダーにストックされたＥメールをごっそり持ち出すために、巨大な記憶容量をもつサーバーを買い込んでいます。この警察の盗聴に、小さなプロバイダーでは立会いができない、と困惑。この負担を回避する、として、全データを警察が管理する「仮のメールボックス」と称する装置を通過させる方式に切り替えるようです。この暴挙に対して、メール盗聴に反対するグループは激しく反発。盗聴法の廃止を求めて、運動はいまも根強く続いています。

運動の情報については、

ネットワーク反監視プロジェクト
http://www.jca.apc.org/privacy/
盗聴法の廃止を求める署名実行委員会
http://www.jca.apc.org/haisi/

アメリカはＧ７やＩＣＰＯ（国際刑事警察機構）の中で、新シフトによる国際秩序づくりを訴え、一九九六年にはＣＯＣＯＭ（対共産圏輸出統制委員会）をワッセナー協定（共産圏に限らないテロなどに備えた一般貿易規制）に衣替えすることに成功。マネーロンダリングの規制や「盗聴」の合法化を通じ、テロ、麻薬情報などの相互交換を呼びかけています。

また九四年のナポリ宣言以降、国際司法のグローバル化を進め、国連に麻薬、テロ、マネー・ロンダリングを取り締まる国際協定を迫り、二〇〇〇年一二月のパレルモ会議で「国際的組織犯罪対策条約」の締結に成功します。

ここにはアメリカの新たな覇権《はけん》づくりが隠れており、ドイツ、フランスなどは警戒を隠しませんが、「国際的組織犯罪」の防止は、ＥＵの司法統合にも格好の説得材料であるため、賛成に回りました。一方、イギリス、日本などの内務・警察関係者は積極的にこれに応え、あるいは便乗して、国内での権力基盤を強めようと狙っています（日本は二〇〇二年にパレルモ条約の批准を行ない、国内法の全面的な権力化を図ろうとしている）。

とりわけ日本の場合、「盗聴」の既成事実化が進んでいたにもかかわらず、「合法化」したのは、アメリカのため以外の何物でもなく、これによって日本に展開するＮＳＡ（国家安全保障局）やＣＩＡ（中央情報局）が、日本の警察その他を介して、あるいは直接に必要な機関を「盗聴」可能にします。

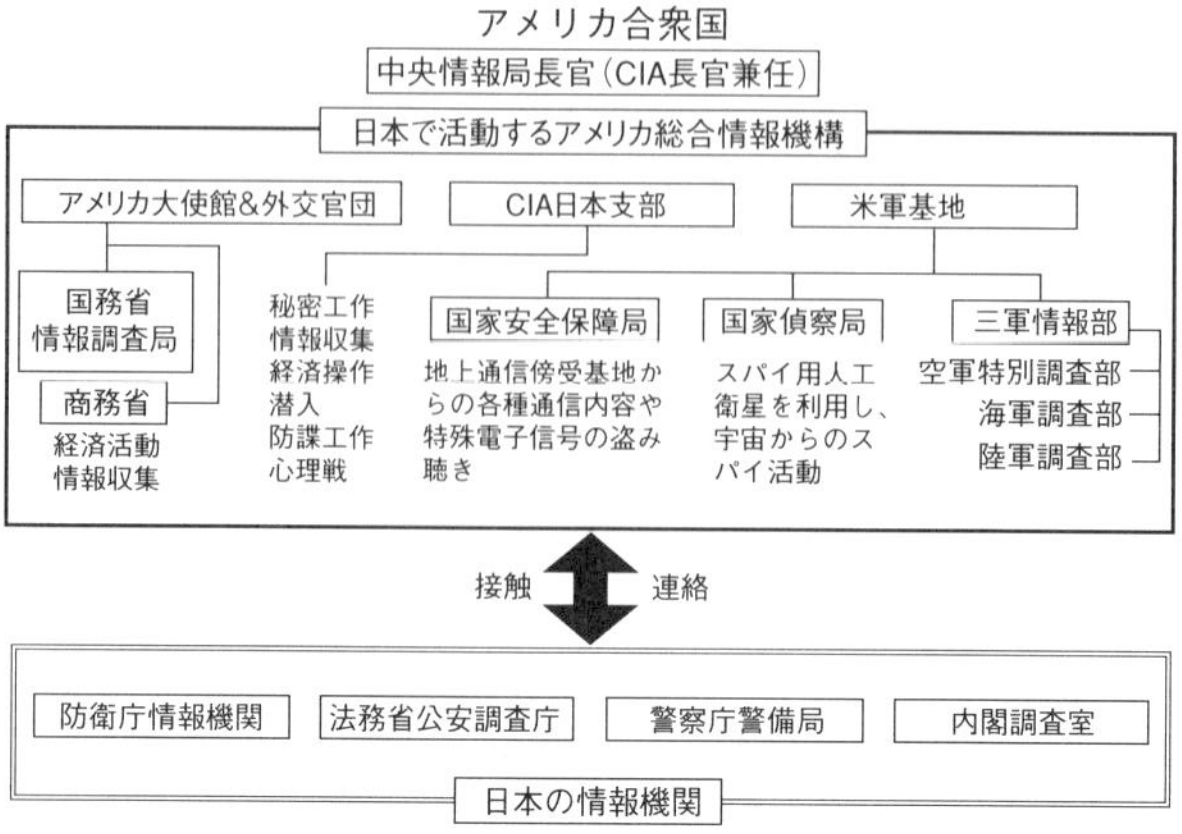

日本におけるアメリカの諜報活動

もちろん盗聴の内容が麻薬、テロなどの国際犯罪だとは限りません。中国などと交流の深い個人情報であったり、アメリカをしのぐ技術を持った企業情報かもしれません。日本の外務省や防衛庁、警察庁がアメリカとどんな関係を築いているのかを、わたしたちは知ることができません。日本が外交・防衛・犯罪捜査に関する情報を秘密にしているからです。わたしたちはアメリカべったりの外務省・防衛庁・警察庁を疑ってみるべきです。

アメリカに好都合な縦割り

縦割り行政で知られる日本では、公安・諜報機関でも縦割りが徹底しています。内閣官房に所属する内閣情報調査室、法務省に所属する公安調査庁、警察庁警備局（公安）などはそれぞれに諜報活動を行なっていますが、全体を把握するために設けられた内閣安全保障室は旧内務官僚の権力扶植地となってしまったため、内調、公調の協力が得にくくなっています。

そのため、一九九四年には、内閣官房副長官の石原信雄が日本版NSC（アメリカ国家安全保障会議）を作ろう、と画策しましたが、これにしても旧内務官僚の石原が提唱したのでは屋上屋《おくじょうおく》を重ねるだけ。結果は見えていました（官房長官の反対で頓挫）。

ところが、これらの各機関を自由に操り、すべての情報を集めることができる組織がCIAです。日本の各機関は互いに牽制しあいながら、競うように、その成果をア

「国際的組織的犯罪対策条約」

二〇〇〇年一二月、パレルモで調印された国際条約で、組織犯罪に対しては国内法を越えて国際法で取り締まるもの。日本では許されていない「おとり捜査」や「司法取引」が認められ、実行されなかった事件への「関与」、違法組織と認定された組織への「参加」などが罪となります。密輸、マネーロンダリング、ネット犯罪などへの対応訓練を国際的に施す、ということで、CIA、NSAなどが世界の表舞台に出てくるのです。アメリカの世界司法支配といっても過言ではありません。

また、これと並行して、欧州評議会（日米加はオブザーバー参加）では盗聴を含むサイバー犯罪に関する条約草案が検討されており、二〇〇一年中に採択を予定しています。

メリカに報告しているようなのです。それをＣＩＡが分析、利用しているわけです。つまり、この縦割りはＣＩＡに都合よく機能していることになります。

この他に日本の諜報機関の主なものは防衛庁情報本部、外務省国際情報局、海上保安庁警備救難部警備第二課、厚生労働省労政局労働組合課、それに、経済産業省は否定していますがアメリカのＦＢＩが諜報機関だとして警戒しているものにＪＥＴＲＯ（日本貿易振興会）があります。

日米地位協定

アメリカは占領中、内務省を解体しました。しかし、中国の共産化などが進むと、旧特別高等警察の要員を、対共産圏スパイなどとして再雇用し、日本にも内閣調査室や公安調査庁を作らせます。これによって、警察庁に恩を売る（解体時の内務省労組委員長は後藤田正晴）とともに、日本の公安関係組織を一手に支配し、防共の砦《とりで》とします。「盗聴」の技術的な訓練などを、アメリカのＣＩＡ本部などで行なっているのです。

日本の公安組織のアメリカ従属体制は、アメリカ占領終結後も維持されます。その装置が日米安全保障条約と、その付属文書からなる日米地位協定です。安保条約は日本政府の施設や機関をアメリカの機関が利用することを許し、地位協定は日本の要員をアメリカに協力させるよう定めています。また、アメリカのスパイ活動に対して日本政府が口出しできないような工夫が凝らされています。

「地位協定・刑事裁判権に関する合意書」

「権限を与えられたすべての急使その他機密文書もしくは機密資料を運搬または送達する任務に従事しているすべての軍務要員は、その任務の性質により、その使命と所属部隊をたしかめるという必要以上に他の目的のためにその身柄を拘束されず、且つ、その所持する文書または資料はその所持を奪われ、開披され又は検査されない旨、相互に合意される。

犯罪がおかされ、且つ、日本国の法律執行員から要求された時は、右の急使その他の者は、任務終了後直ちに日本国の法律機関に出頭するものとする。かかる者が完全に能力を失ったときには、合衆国の軍当局は直ちに通知を受け、且つ、これらの者の所持する文書又は資料は開披され又は検査されることなく直ちに引渡されるものとする」

つまりアメリカのスパイを見逃す協定なのです。

沖縄のことでもわかるように、日本の警察の捜査権はまるでないに等しく、基地を抱える警察が不満の声を挙げないことが奇異に感じられます。が、それだけ日本の警察がアメリカの影響下にあるということなのです。このことを伏せたまま、日本の警察に「盗聴」の合法化を許すということは、国民に対する裏切りにも近いものです。

個人情報の保護、プライバシーに関して、アメリカ国民は敏感であり、多くの成果をあげてきました。しかし勘違いしてはならないのですが、これはすべてアメリカ国民に対する保護であり、外国人には及びません。アメリカ人の多くはむしろ、アメリカを脅かす恐れのある外国人に対しては極めて冷淡であり、「盗聴」によってプライバシーを脅かすことなどなんとも思ってはいません。

アメリカの盗聴に対して、個人情報を防衛するには、日本人自身がこの国の公安関係組織のチェックを厳重にし、プライバシーの保護を闘い取らなければならないのです。少なくとも、プライバシーの保護と日米地位協定とは共存できません。


「地位協定・基本労務契約に関する合意書」

「日本政府は、つぎの要員を米軍に提供する義務をおう。『軍事情報分析員A』『同B』『上級作戦分析員』『軍事人類学研究分析員A』『同B』『情報調査員』『工場監察技師』『細菌学職』『製図師』『地理学職』『特殊語学顧問』『犯罪調査職』」

つまり情報戦でアメリカに協力する協定。これらの職種の任務や配属先は合意書に細かく規定されていますが、実際なにをやっているかは『MSA秘密保護法』などでガードされ、外部に漏れないようになっているのです。外部とは日本のことです。

Q26 新聞で見ましたが続報がありません。エシュロンってなんですか？

新聞で「エシュロン」の記事を読み、大変なことだと思いました。それなのに、日本の政府も議会も、これを取り上げようとしない。いったいなぜなんですか。

エシュロン

一九七〇年代の末、アメリカのNSAの呼びかけにイギリスのGCHQ（政府情報本部）が応えて導入された世界規模の通信監視網が暗号名でエシュロン（ECHELON）と呼ばれるものです。これにはその後カナダ、オーストラリア、ニュージーランドが参加していて、いわゆる「アングロサクソン同盟」を形成しています。

エシュロンの特長は東側の軍事情報を傍受するものではなく、最初から全世界の軍事・経済情報を傍受することを目的に作られたこと。つまり、日本やドイツ、フランスの経済・技術情報も傍受のターゲットにされている、ということにあります。その結果、すでに日本やフランスなどに巨額の経済損失をもたらしています。

世界に張り巡らされたNSAの通信監視施設に加えて、イギリス、カナダ、それに南半球の衛星通信をキャッチするオーストラリア、ニュージーランドの通信傍受基地などが、二四時間、あらゆる通信（通信衛星、マイクロウェーブ、FM、長波・短波、海

「エシュロンによる損失例」

エシュロンに傍受され、日本が損失をこうむったケースは(1)一九九〇年に、インドネシア電話通信網の受注をめぐり、NECとAT&Tが争った事件、(2)一九九五年、日米自動車協議に際して数値予測の挿入を許してしまった事件、の二件があります。

(1)はインドネシアがおこなったテレコム拡張工事の国際入札をNECが落札。その内容を傍受したNSC（国家情報局）がAT&Tの条件のほうが有利だとしてインドネシアにねじ込み、ブッシュ大統領自ら政府に圧力をかけて、事業の半分をAT&Tに請け負わせた、というものです。

底ケーブル、インターネット、ソナーなど）を監視し、電話やメールの盗聴をしているのです。

参加国のクライアント（注文主）が欲しい情報は、キーワードや簡単な文章にし、「辞書」に登録されます。そして各国の「盗聴網」に掛かった「辞書」に当てはまる情報はすべて一度アメリカ・メリーランド州フォートミードにあるＮＳＡ本部に集められ、分析されます。そして、価値ある情報だけがクライアントに提供されることになっています。そして、この最大のクライアントがＣＩＡなのです。

ＣＩＡはソ連が崩壊した一九九一年以降、生き残りをかけて東側の軍事情報のスパイ組織から西側の経済情報のスパイ組織へと急変しました。それ以来、ソ連を監視していたＮＳＡの三沢基地の巨大パラボラアンテナ群は日本を、ＮＳＡがドイツに置いているバートアイブリング基地はドイツを、ＮＳＡ最大の海外基地、イギリスのメンウィズヒルはフランスを監視するようになっているのです。

「友好国を監視するのはおかしい」として、エシュロンの存在を最初に暴いたのがニュージーランドのジャーナリスト、ニッキー・ヘイガーです。その後、イギリスからもオーストラリアからも、エシュロンを問題にする声が挙がり、一九九七年のＥＵ議会で取り上げられます。ＥＵは真相究明のための調査レポートを積み上げ、質問状をアメリカに提出。アメリカはエシュロンの存在を認めていませんが、アメリカ内部でも、真相究明の声が挙がり、九九年にはクリントン大統領が「ＮＳＡがエシュロン

「エシュロンによるＵターン監視」

サッチャーが政敵の情報をアメリカにもらったり、アメリカの議員が政敵の調査をカナダに依頼したり、自国内では違法なことを、国をまたいで監視したことが明るみに出て、合衆国政府に近い保守的な議員の中からも徹底解明の声が出ています。

を運用する法的根拠を示す」ことを約束させられ、また政府を相手に訴訟が起きています。ただし、アメリカが問題にしているのはエシュロンがアメリカ国民をターゲットにしているのではないか、という点。世界を監視していることではありません。

二〇〇一年の一月にはドイツ政府がＣＩＡを監視対象であると表明し、バートアイブリング基地の閉鎖・返還を要求しています。日米自動車交渉に際して、通産大臣の電話まで盗聴されていた日本が、エシュロンの存在を問題視しないのは異様なことといわなければなりません。

エシュロンは原理的にすべての国際電話、ファックスを盗聴し、アメリカを経由するインターネット、Ｅメールを盗聴しています。その能力は一日に五億件とも言われ、当然、個人の通常の通信も盗聴されていることになります。電話やメールはそれを承知で使わなければなりません。

ＵＫＵＳＡ同盟

アメリカとイギリスの間には第二次世界大戦のときからの諜報機関同盟があります。それがブリティッシュのＢＲと、アメリカのＵＳＡを結んだ「ＢＲＵＳＡ同盟」です。この戦時体制は戦後も解散されず、ユナイティッド・キングダムを用いた「ＵＫＵＳＡ同盟」に改組され、海を越えた対共産圏向け諜報活動の柱になります。

このＵＫＵＳＡ同盟にはその後、カナダ、オーストラリア、ニュージーランドが参

エシュロン傍聴システムの主要施設

加。アメリカ、イギリスが第一グループ、他の三カ国が第二グループとして活動します。そして、その周辺にドイツ、日本、韓国、ノルウェー、ギリシャ、トルコ、タイなどの第三グループが組織されることになります。

日本がいったいいつ、どういう理由でＵＫＵＳＡ同盟に加盟したのか。そこでどんな任務を果たしたのかは、まったく明らかにされていません。これまた外交と防衛に関する機密事項にされてしまっているのです。

が、ともあれ日本はアメリカの占領下、多くのＮＳＡ基地（三沢通信基地・上瀬谷《かみせや》海軍通信基地・楚辺《そべ》海軍通信所・トリイ陸軍通信所）を抱え、日米安保条約に基づく特権を与えています。ところがＮＳＡはいまや軍事・防衛の施設ではなく、ＣＩＡのために同盟国の経済・技術情報も集める部隊になっているのです。思いやり予算は日本監視のためにも使われているのです。

エシュロンはＵＫＵＳＡ同盟の最新鋭情報監視網です。しかし、第三グループはこれに参加させてもらえずにいます。が、それはエシュロンが経済情報をもターゲットにしている当然の結果だといえます。それを承知で日本がＵＫＵＳＡ同盟にとどまることがおかしいのです。

暗号キー

エシュロンなどによる電子デジタル情報を盗聴から守るためにはデジタル暗号を使

う方法があります。ロータス・ノーツ（ロータス社製のデータベース統合ソフト）のメールなどにはこの暗号化機能が付属しています。一般の盗聴からメールを守るにはこれで十分だといえます。

ところが、アメリカは「麻薬取引や国際犯罪に高度な暗号が使われると、阻止が困難だ（つまり盗聴できない）」として、ワッセナー協定で高度な暗号の輸出を禁止しました。日本もこれを受け、一ビット以上の暗号（つまりすべてのデジタル暗号）の輸出には経済産業（通産）大臣の許可を必要としています。一方アメリカは四〇ビットまでならOKとし、九七年には勝手に五六ビットに引き上げ。九八年にはワッセナー協定のほうを五六ビットに引き上げています。

この過程で、暗号の高度化を自粛《じしゆく》していた日本やEU諸国は、開発力で完全に遅れをとり、五六ビットの暗号など、作る能力さえ失ってしまいました。この暗号市場でアメリカに対抗できるのは協定に参加していないインド、イスラエル、それにスイスぐらいのものになってしまっているのです。

その一方でアメリカは国内のソフトメーカーに暗号解読用のキーを政府機関（CIA、FBI、NSA）に預けるよう、圧力をかけ、ロータス・ノーツの輸出用バージョンなどの暗号はNSA、CIAに解読できるようになっています。メール送信に際して、解読用の信号がまず発信されるように仕組まれているのです。同様の仕組みはアメリカ製の他のソフトにもあるようです。

EUはこうしたことに危機を感じ、九九年、独自の暗号ソフトを開発することに決めました。また、コソボ紛争に際して、アメリカが勝手にGPSの民間利用を停止する可能性があったため、GPS用の衛星も、独自に打ち上げることにしています。

こうした中、日本だけはアメリカにすべてを預け、「IT革命」などとのたまいながら、国内の個人認証システムのほとんど（法務省認証局、総務省認証局など）を、アメリカの暗号ソフトに頼っているのです。それはすなわち、NSA、CIAに覗かれる恐れがあることを意味しています。

個人認証

コンピュータの操作者が確かに本人だと確認する方法の一つに「電子署名」というものがあります。二〇〇一年四月、「電子署名及び認証業務に関する法律」が施行され、電子署名によって認証されたデジタル文書は署名押印した書類と同等の扱いを受けることになりました。

送信者は受信者にデジタル文書（原文）と電子認証局によって暗号化された文書を同時に送ります。受信者は認証局から送られたキーで暗号文を開き、原文と照合。同一文書であれば本人から送られたものと判断します。これによって、電子商取引などが可能になるわけです。

この他にも、個人の身体的特徴をコンピュータで識別する方法が考えられていて、これをバイオ・メトリックスと呼んでいます。最も進んでいるのが指紋の識別で、すでに指を差し込む指紋検知器が登場しています（指紋の分野ではＮＥＣなど、日本が先行）。掌紋《しょうもん》、光彩や網膜模様、耳の形、顔、ＤＮＡ（遺伝子情報）などが研究対象になっていて、ＤＮＡの場合、汗を自動的に分析する検知キーをキーボードに組み込む方法が考えられているようです。キー・タッチ、すなわちキーボードを打つ癖を分析して、通信の相手を確認する方法も研究されています。

Q 27 日本も偵察衛星を持つって、ホントですか。役に立つんですか？

日本も二〇〇二年を目途に偵察衛星を持つことが決まったそうですが、あれも一種の監視。世界の人権、プライバシーを脅かす行為じゃないかと思いますが。

衛星の感度

情報偵察衛星（スパイ衛星）は低空で地球を周回するもので、静止衛星ではありません。そのため、特定の地点を二四時間監視するためには少なくとも四基を打ち上げる必要があり、また、四基打ち上げれば、地球全体が監視できることになります。

低空を周回するのはいうまでもなく、地上をできるだけ克明に記録するためで、その精度は現在、地上一〇センチのものを識別する、といわれています。が、実際はそれ以上であろうという説が有力です。

アメリカは一九九九年、衛星写真の有料公開をはじめましたが、これは軍用の写真の精度を落としたもので、実際に使われているものではありません。

独自開発と日米安保

アメリカは軍事に転用できる先端技術を戦略技術と考え、その開発を急ぐとともに、

情報衛星打ち上げ延期

二〇〇二年に予定していた日本の情報衛星（偵察衛星）打ち上げが、部品調達の遅れから、二〇〇三年に延期されることになりました。これは二〇〇一年六月の「情報収集衛星推進委員会」の席上で決まったものですが、部品調達以外にも、撮影能力を上げるためにアメリカの技術を入れるかどうかなど、多くの解決すべき課題が残っていて、ずるずると延期される可能性も少なくありません。ＦＳＸとよく似た展開になってきました。

他国の開発を妨害することを重視しています。こうした中、日本の戦闘機（開発名FSX）の独自開発に反対し、共同開発を呼びかけ、先端技術につながる重要な開発をアメリカが独占し、ブラックボックスにして使用させる、という道を強要したのです。

スパイ衛星についても同様で、アメリカは日本が持つことに反対。アメリカの衛星写真を買うよう、圧力をかけていたのです。

ところが一九九八年、テポドンが発射されて、日本上空を越えると大騒ぎとなり、一〇日後には偵察衛星の導入が検討され、二カ月後には二〇〇二年までに導入することが決定されます。この早手回しは、日本としては異例のことですが、この裏には、アメリカが要求していたTMD（ミサイル迎撃システム）の開発に参加する、というバーター取引がありました。

テポドンの確認にアメリカが手間取ったのは、こうしたバーター環境を作り出すための芝居だった可能性もあります。

日本がスパイ衛星を持つことに意味があるのか、世界を監視してしまう衛星を、日本はもてあますことになるのではないかなど、いろいろな疑問が浮かんできますが、何よりも大きいのはなぜアメリカが日本の開発を許したのか、ということです。衛星の開発は先端技術の開発にもなるからです。

おそらく日本は独自開発できないのでしょう。どこかでアメリカとの共同開発になり、最後はFSXとおなじ道を辿る可能性があります。そうなれば、膨大な費用を要

「FSX（次期支援戦闘機）」

自衛隊の支援戦闘機F1の後継機であるF2（開発段階の呼称はFSX）は、一九八九年、日本の独自開発を目指してスタートした。が、米議会が日本の戦闘機製造技術の蓄積を懸念、日米の共同開発を強要し、主要技術部分を含む四割をアメリカが開発、日本はこのライセンスを買い取って生産するだけの役周りを押しつけられました。生産段階でも四割のシェアを要求され、配備が遅れるなどのごたごたを起こし、一機一一七億円という支援戦闘機としては異様な高額の機体を日本に押しつけて、その四割がアメリカの航空産業に流れる結果を招いたのです。日本が独自開発を目指す次期P3Cも、偵察衛星同様、FSXの二の舞、三の舞になる、と懸念されています。

するＴＭＤの開発で、アメリカは丸儲《まるもう》けをすることになります。

日本は衛星写真をどうやって地上に送信するのでしょうか。他国に傍受されない暗号を掛ける技術がありません。また、送られてきた写真の解析技術がありません。これらをアメリカに頼るとすれば、共同開発の提案に乗るほかはなくなるのです。

そして結局はアメリカのために働く衛星になる可能性が大きい。つまり、日本はスパイ衛星など持つ力もなければ、持つべきでもないのです。

アメリカの計画

一九九九年の一般教書演説で、アメリカのクリントン大統領は世界におけるアメリカの軍事的優位を維持するために、すでに着手している次のような研究を国家的に支援していくことを表明しました。

(1) スマートダスト　一ミリの大きさで風に乗り、デジタル情報を収集・送信するマイクロ・データ送信機

(2) ハチドリ型空中船　カメラやセンサーを積んでハチドリのように羽ばたいて飛ぶ（ホバリング＝空中停止が可能）一五センチのスパイ機

(3) 分子コンピュータ　分子一個を半導体として利用したマイクロコンピュータで、涙一粒ほどの大きさで、最速の演算速度を実現する

結局これらの技術はすべて、人々の監視を目的としたもの。ＵＦＯもその一つであ

ＴＭＤとＮＭＤそしてＭＤ

ＴＭＤとは戦域ミサイル防衛構想、ＮＭＤとはアメリカ・ミサイル防衛構想。どちらもアメリカが開発を進めているもので、一九九八年、台湾と日本がＴＭＤの共同開発研究に参加しています。想定されているのは中国のミサイルで、テポドンではありません。弾丸を弾丸で打ち落とすようなものといわれ、開発は不可能との声が強いものです。が、どちらかといえばＮＭＤのほうが現実的（中・台・日・米の地理関係を見れば一目瞭然）で、台湾と日本の開発費は無駄金になり、開発された技術はＮＭＤにだけ生かされることになりそう。ブッシュ大統領は両構想を統合した新ＭＤ構想を打ち上げましたが、これは台湾・日本の資金をＮＭＤに流し込む口実でもあるようです。田中真紀子外相は、初の訪米の際、これを「賛同はしないが、理解する」といったのです。

る、という説もありますが、こうしたものでわたしたちの日常が監視されるということは恐ろしいことです。プライバシーの権利を主張して行かないと、わたしたちがどんな世界に追い込まれていってしまうのかを、このことがよく示しています。なにしろこれは空想小説である『一九八四年』とは違って、現実に進んでいる計画なのですから。

日本の選択

唯一の超大国となったアメリカの世界戦略は、アメリカを除く（アングロサクソン同盟も現在のところ基本的には除かれている）すべての国の内部情報を丸裸にして、アメリカに対する抵抗や反発を押さえ込み、超大国の座を守ろうというものです。そして、その方便に使われているのがテロであり麻薬であり、経済のグローバリゼーションなのです。

ＥＵはこれに対して明らかに反発を示し、フランスとドイツは同盟を結んで具体的な対抗をしようとしています。フランスとドイツがスパイ衛星網で協力し、エシュロンに似た盗聴網を張り巡らせる、ということもそのひとつです。

二〇〇一年四月、アメリカの偵察機が中国の海南島に不時着したとき、アメリカは「これは通常の偵察活動である」として、乗員と機体の返還を求めました。スパイ活動は多くの国が行なっていますが、これは明らかに敵対行為であり、隠密活動が前提でなければなりません。こうしたことが「通常に」行なわれてはならないのです。戦時状態を通常だとする感覚からは人権もプライバシーも育ちません。

日本には明らかにこうしたアメリカの国際戦略の尻馬に乗って、わたしたちの人権やプライバシーを破壊しようといする勢力が存在します。日本は敗戦後の占領期から一貫してアメリカのコントロール下にあり、そのための要員が政府や議会に配置されているのです。彼らは常に国家主義を前面に出しますが、実際にはアメリカの利益のために、わたしたちを支配しようとしているわけです。

わたしたちは、アメリカの国際戦略に巻き込まれるわけにはいきません。かといって、フランスやドイツの真似をする力もないでしょう。もっとも、力の論理は戦時の論理に帰着します。したがってわたしたちはフランスやドイツとも違った道を選択しなければならないのではないでしょうか。人権やプライバシーを守る、ということは力の論理から決別することでもあるのです。

その他の地上監視

スパイ衛星ではありませんが、わたしたちは空からも監視されています。一つは自衛隊機による不定期の地上撮影であり、もう一つは定期的に行なわれる国税庁の航空写真撮影です。前者がどのように利用されているのかは明らかにされてはいませんが、警視庁の不審車両の発見に貢献《こうけん》したことがあります。

後者は新しい建造物を空から発見しようというもので、固定資産税の課税のために使われています。こうしたものもプライバシーの侵害にならないよう、利用目的を明確にし、それを越えないよう、監視する必要があります。

ちなみにアメリカでは、建設中のある化学プラントの配置を航空写真で把握しようとした競合他社が、産業スパイとして訴えられたケースがあります。いわゆる営業秘密法違反で有罪となっています。

配管の様子から、製法の秘密を盗もうとしたものです。それにしても、スパイ衛星が大量に空を飛び交い、データの売買があたりまえになったら、こうしたケースをどう扱うつもりなのでしょうか。

上空は無防備であることが多いので、いろいろな事件が想定できます。パパラッチはまちがいなく、ビバリーヒルズあたりの衛星写真を欲しがることでしょう。覗き社会というものは、どう考えても不愉快です。

Q28 ネットからプライバシーを守るにはどうしたらいいでしょうか？

ネット社会は便利な面もありますが、プライバシーを守るのが困難です。そんな中、わたしたちは最低どんなことに心がけ、どんな注意をすればいいのでしょうか。

個人データを大切に

プライバシーを守る基本は個人データの基礎を大切にすることから始まります。個人データの基礎とはあなたの人名録、つまり住所録や電話帳などです。これをむやみに明かさないことが大切です。この、だれでも知っている常識が、近年、携帯電話の普及で崩れつつあるのが心配です。

あなたの周りの名簿は、あなた自身を映し出す鏡です。あなたの周りがわかればあなたも丸裸同然です。そしてまたあなたによって、周りの人がそれなりの判断をされてしまいます。これはあなた自身が友人なり、顧客なりのプライバシーを脅かす結果にもつながります。

名簿はあなたとあなたの関係者のプライバシーを映すもの。あなたのプライバシーを守るためには、あなたも他人のプライバシーを侵さないこと。これまた大事な基本原則の一つです。名簿の管理は何よりも厳重にし、携帯する情報については必要最小限のものに留めておきましょう。

アンケート

街角で行なわれているアンケートの多くが、あなたの個人データを入手するために行なわれています。これらのなかにはマーケティングやダイレクトメールの資料として、コンピュータに入力され、陰で売り買いされているものもあります。一度手放したプライバシーは、いつまでも一人歩きし、あなたの予想を越えた利用のされ方をするかもしれません。

この程度の情報なら、と思って書いたアンケートが、ほかのデータと付け合わされれば（これをデータ・マッチングといいます）、あなたの嗜好や行動の予測、性格の分析など（これをプロファイリングといいます）が行なわれ、事件の容疑者にされてしまうことさえあるのです。

安易にアンケートには答えないこと。答える場合も必要最小限のものに留めておくべきです。これはなにも街角のアンケートに限ったことではありません。行政や民間に提出する申し込み用紙などの提出物にも言えることです。

日本人は律儀なところがあって、出されたものには理由を問うことなく記入、提出し、記入欄があれば迷うことなく埋め尽くそうとします。プライバシーの観点から見れば、この態度は明らかに失格です。それが何のために必要で、どう使われるのかをはっきりさせ、記入する必要のないものは空欄にしておくことが大事です。

肖像権・著作権

あなたのプライバシーは一部ではありますが明確に守られています。それが肖像権と著作権です。また、似たようなものに商標権や、あなた自身の「名前」があります。これを他人が勝手に使えば詐称、盗用で、刑法の有印私文書偽造や民法の損害賠償請求の対象になるわけです。

もっとも、肖像権にしても、はっきり違法となるのは公に領付した場合であって、公表することなく、所持している場合はこの限りではなく、境界線には難しい問題があります。裁判を起こすには、専門家のアドバイスが必要になるでしょう。

プライバシーをめぐる裁判は普通、名誉毀損罪（刑法二三〇条）や侮辱罪（同二三一条）による告発と、民法上の不法行為法（七〇九条）による損害賠償請求、名誉回復請求という形になります。これらは憲法一三条を越えて広くプライバシー全般をフォローするものです。

また、事案によっては職業安定法（人材バンクが登録事項を漏らした場合）や、不正アクセス行為禁止法（コンピュータの中を覗かれた場合）営業秘密法（従業員に顧客名簿を持ち出された場合）など、個別法によって守られるものもあります。

インターネットの普及で、あなたが加害者になることも不思議ではない昨今ですが、ここでも、自分のプライバシーを守るためにはまず、他人のプライバシーを守る気持ちがなければならないのはいうまでもありません。

カード利用の注意

金銭にかかわることなので、カードの扱いには気を配っている人が多いでしょう。暗証番号に関する注意も、ここでは繰り返しません。ただ、ATMで現金を引きだす際、据えつけた小型ビデオで暗証番号を盗撮され、その後、被害にあうといった事件が日本でも発生しています。

技術の向上で、ビデオカメラが小型化され、簡単に手に入るようになったことによる新たな問題の発生ですが、対策もまた、技術の急速な向上を予想した上で行なわなければなりません。カードそのものの革新に対しても、警戒を怠らないようにしてください。

いま、いちばん問題になっているのが偽造カードによる勝手な引き落としです。悪質な偽造、盗用から完全に身を守る手段はないのですが、最小限の心がけとして、インターネット・ショッピングなどの際、カードのナンバーをオンラインで転送しないことです。購入の申し込み（代金の支払い）には電話や手書きのファックスを利用するようにしましょう。

こうした問題を解決する手段として現在研究が進んでいるものが「電子マネー」

「タイガー・ウッズの偽者」

社会保障番号を入手し、偽者のカードをこしらえた男に、二〇〇一年四月、懲役二〇〇年の判決が下されました。タイガー・ウッズを騙り、一〇〇万ドル以上の買い物を続けた、というものですが、番号を知られるといかに危険かを示す事件です。ちなみに男はウッズにぜんぜん似ていないといいます。

日本でも二〇〇〇年一年間のカード被害は一四〇億円と発表されています。

（個人認証、電子署名などもある）です。それがどのようなものになるのか、使い勝手はいいのか、新たな問題はないのか、行方を注目しましょう。

携帯電話

携帯による通話にはスクランブルがかけられているため、一般の回線電話よりも盗聴は困難です。といっても、これは普通の人が盗聴しようとする場合のこと。スパイや捜査機関のターゲットとされれば、スクランブルは簡単に破られてしまいます。

実際、「トランペット」と名づけられたアメリカの衛星は、携帯電話を盗聴するために地球を周回していますし、日本でも東京・中野にある警察情報通信研究センターで携帯電話の盗聴の研究が進んでいて、すでに実用化されている可能性があります。つまり、携帯電話も安心ではないということです。

また、次世代携帯など、モバイルコンピュータに近い性能を持つようになってきたことから、コンピュータ同様のセキュリティーに心がける必要が出てきています。

コンピュータ

パーソナルコンピュータはいまや個人データの巨大フォルダーであり、プライバシーの塊《かたまり》です。この情報をガードすることは、プライバシーを守る上で必須の事項になっています。

「スクランブル」

映像のモザイク処理を含め、情報を加工して認識できなくする処理をスクランブルを掛ける、といいます。一種の暗号処理で、逆加工をすれば元の情報が取り出せます。携帯電話にも一台一台にスクランブルが掛けられていて、普通の無線通信（昔の自動車電話はこれだった）のように他人が傍受することはできません。が、携帯電話のスクランブルは複雑なものではなく、特定の電話に狙いをつければ、スクランブルの解除は可能だといいます。

「携帯は動態監視機でもある」

携帯電話をかけると、いつ、どこからどこへ掛けたのか、という記録がすべて電話局に残ります。掛けた電話をキャッチしたアンテナの場所が刻々と記録されるのです。つまりこれは人間タコメーター、動態監視機でもあるということに注意もしましょう。

コンピュータ・データへの不正アクセスのルートはオンライン（回線）によるもの、ディスク等のアクセサリーを介するもの、直接読み取られるもの、電磁波を解析されるもの、があります。

オンラインからのアクセス防止にはファイアーウォールと呼ばれるシステム・ソフトを組み込むのが企業などの一般的な防衛法になっています。しかしこれも万全ではなく、完全な対策ではありません。この世界にも完全はなく、アメリカの国防省やCIAのガードシステムさえ破られたことがあるほどで、結局はストックされているデータの重要度に応じたガードをかけるのが精一杯です。

新たな侵入の手口やその対策など、企業管理者向けのアドバイスは次のホームページhttp://www.jpcert.or.jp/　で、手に入れることができます。個人では管理者を置くことはできないので、プライバシーの保護に敏感なプロバイダーを見つける必要があるでしょう。プロバイダーが行なえるガードもあるからです。

アクセサリーを介するものや直接読み取るものは、入室管理のほか、最近ではアクセス制限の方法が増えています。コンピュータに組み込まれたこうした制限（パスワードの入力を含む）を利用することも必要でしょう。

電磁波解析はスパイもどきですが、コンピュータの操作画面から発する微量の電磁波から、操作画面を復元する技術で、直接画面が見えなくても、電磁波が拾えなくても、建物の窓ガラスの変動を、外からレーザー光線を当ててキャッチし、読み取ることができます（これを防ぐため、東京のアメリカ大使館最上階には窓がないのです）。

これに対してはモニター画面の前にアルミホイールを一枚置けば防ぐことができます。

インターネット

チャットを楽しんでいる人の多くがハンドルネームを持っているはずです。また、メールのアカウントとして、名前以外のものをつけている人、複数のアカウントを持ち、使い分けている人も少なくないでしょう。本名とか人名の定義には難しい問題もあるのですが、インターネットにおけるこうした楽しみ方を、とりあえずは「ネットの匿名性」と呼んでおきます。

これはプライバシーを秘匿したままで人とやり取りができるとても大事なもので、それによって素直になれたり、癒《いや》されたり……、ネットにしかない特別な世界を構築する源でもあるのです。

しかしそれはまた、同時に、相手方の匿名性をも許すので、その分、危険を伴います。匿名性というネットの特性を大切にすると同時に、この点をしっかり認識する必要があると思います。

「チャット」

パソコン通信、インターネットで人気のある遊び方の一つがチャット。趣味系サイトや出会い系サイトなどに行くと、気のあった人とハンドルネームで通信ができます。従来は文字入力だったが、今では音声入力可能なサイトが増え、いずれはテレビ電話のような映像通信になるだろうと思われます。こうなればチャットの匿名性は半減するが、チャット犯罪も少なくなります。

クッキー

クッキーとはアクセス履歴をチェックするために組み込まれたプログラムで、インターネットのホームページ（商用サイトが多い）から送り込まれてくるものです。Webを閲覧すると、同時にあなたのコンピュータに住みつき、あなたがどんなサイトにアクセスしたかを記録し、サイトに逆送信するもので、そのデータをもとにあなたの嗜好《しこう》や傾向を調べたり、サイトの人気や影響の広がりを分析したりするものです。

簡単にいえば、あなたの個人情報やウェッブ・アクセスの履歴を覗き、プライバシーを脅かすものです。しかもその情報は、あなたの知らないままに、あなたの費用で送信されているのです。

Internet Explorer 4.01 以降のバージョンでは、クッキーを受け取らない設定が可能になっています。また、クッキーが住みつくのはWindows の場合、C:¥Windows¥Cookiesというディレクトリーで、この中にある*.txt というテキストファイルがクッキーですから、これを削除すればOKです（[コントロールパネル]→[インターネットオプション]からも削除できます）。

ホームページ・Eメール

ホームページは覗いてもらうための、いわば自己表現の場なので、自分のプライバシーは放棄されているのとおなじです。問題はむしろ、他人のプライバシーを侵さな

「米政府がクッキーで監視」

二〇〇一年四月、クッキーで利用者を覗く商用サイトに対し「プライバシーを侵害しかねない」と問題にしていた米政府自身が内務、財務、教育、航空宇宙局（NASA）など、六四のサイトで閲覧者を監視していることが判明した。

差別落書きは削除できるか

「○○は泥棒だ」「○○は強姦魔だ」といった落書きはそれが事実ではないとすれば犯罪的であるし、事実であったとしても服役後すでに市民生活を営んでいるものに対して浴びせるものとしては問題が残ります。ましてや、これがコンピュータに乗ってデジタルテキストとして流

いよう注意することでしょう。

表現に個人情報保護の網をかけるのには反対ですが、人を傷つける「悪質な評価」を目的とする文章は、この評価（差別用語や差別を伴う分類など）をキーとする新たなデータファイルを構築することが簡単にできてしまうデジタル・テキストの特性を考えると、表現とは呼べない単なる個人データと変わらぬものであることは明らかです。

筆者はこのような文章は表現の形態をした個人データだと考えていますので、表現者の内面の表明である表現とは異なり、「表現の自由」による保護に値しない文章だと考えています。簡単に言うなら、他人を誹謗中傷《ひぼうちゅうしょう》するような文章をむやみに掲載するのは止めよう、ということです（同様のことはチャットや掲示板などにも言える）。

また、この世界でよく起こりがちなものに著作権の侵害や肖像権の侵害があります。匿名性がなせる安易な、そして、悪質な他人の権利の侵害で、こうしたことをお互いに減らす努力をしていかないと、伸びやかな匿名性の世界が法的規制によって失われてしまう恐れもあります。

エシュロンはホームページは当然のことながら、Eメールも覗いています。アメリカ国内に六カ所の覗き口を設置し、キーワード検索をし、掛かったサイトやメールを保存し分析しているのです。まれなことではありますが日本国内のメールもアメリカ経由で伝達されることがありますので、内容には注意が必要です。

また、国内のメールにごっそりと網をかけようという計画が「盗聴法」成立後に始

された場合、「ただの落書きに過ぎないから」と済ませられるものではありません。ネット上の検索によって、たちまち強姦魔リストが作られ、ネットを一人歩きする恐れがあるからです。したがって、このような「悪質な評価」を目的とした文章（差別落書き等）は、「強姦魔リスト、○○、××、△△」といった個人データにほかならず、表現として保護するまでもないもので、ネット管理者による削除が合法化されなければなりませんが、この線引きは非常に困難です。

二〇〇一年六月、イギリスで二歳の子を惨殺した少年三人が刑期を終え、出所しました。政府は少年たちの社会復帰を助けるため、新しい名前と住所・経歴を与え、マスコミの追跡や市民のテロからの保護を実施。これに対し、被害者の関係者などはネットで少年たちの追跡を呼びかけ、新氏名、新住所の探索を進めています。そして、新氏名、新住所をネットで公表しようというのです。これに対してあなたはどう考えるのか。ネット社会ではこのような問題に常に直面することになると思われます。

まっています。法の廃止を求める必要があるでしょう。

暗号・バックドア

デジタル通信を盗聴から防衛する最良の方法が暗号処理です。しかしアメリカは自国が覗けない通信を嫌い、暗号ソフトを輸出する場合は解読キーの長さを五六ビットに制限しています。しかしこのサイズの暗号は一九九七年一〇月、ベルギーの大学グループによって二〇九日目に解読されてしまった（といっても数万台のコンピュータを繋いで解読した）、というシロモノです。

コンピュータの能力が高くなればこの数字はもっと上がることになりますが、現在安全とされているキー長は二〇四八ビットといわれ、日本のものでも二五六ビットといったものが開発されています。

ところで、ロータス社製の「ノーツ」という暗号つきソフトから奇妙な信号が出ていることをスウェーデン政府が発見しました。どんな暗号を使っているかを知らせる暗号で、CIAやFBIのために組み込まれた暗号解読信号だったのです。これが組み込まれていたのは「ノーツ」の輸出用バージョンですが、アメリカの他社の製品の輸出用バージョンにも同様の信号が組み込まれている可能性が強いのです。

データを裏口から読み取るこうした仕組みを「バックドア」といいますが、日本の多くの金融機関もかつて、「プロミス」というアメリカ製の金融統合ソフトを採用。

その結果、金融取引の多くが覗かれていた（アメリカでの大和銀行の不正取引はこれによって発覚した可能性が大きい）ことがあります。

アメリカは国益のためなら外国に対して何でもやる国です。アメリカ製のソフトには注意したほうがよさそうです。と同時に、アメリカに忠実な捜査機関を抱えた日本も、裏でどんなことをしているのかわかりません。日本製ソフトも安全とは言い切れないと思います。

こうした、ネット社会を脅かす国家の動きに対しては、国際的な監視が必要になっています。わたしたちもまた、世界の市民運動と連携することが求められています。

個人情報と国防

意外に知られていないのですが、国民のデータをむやみに集積することは、国防上の脅威となります。他国がこれを入手する可能性があるためで、ヨーロッパが個人情報の保護に熱心な理由の一つがこれなのです。国勢（その国の戦争遂行能力）を推測される恐れや、スパイ要員をヘッドハンティングされる危険性など、国防上大きな問題が横たわっているからです。

国勢調査にもこの危惧があり、調査データを秘匿《ひとく》するため、調査が嫌われる原因になっていますが、「公開するぐらいなら調査はしない」というのがヨーロッパの基本的な態度です。調査結果をフロッピーに入れてだれかれかまわず販売している日本は、非常識この上ない政府であるともいえるでしょう。

いま、銀行カードの多機能化などに伴い、個人信用調査会社のデータ利用が進んでいます。この情報を他国にも利用させろ、との要求が出ることが予想されますが、その際、日本はどんな態度を採るのでしょうか。おそらく同質のデータを日本が他国から手にいれることはできないでしょう。日本だけが、質の高い個人データを外国に提供しようというのでしょうか。

治安管理の強化を叫び、個人データの収集（盗聴を含む）に熱心な国家主義者と称する者がこの国にはおりますが、それが本当にこの国のことを考えているのだとは思えません。わたしたちはこのような主張の台頭を阻止する必要があります。

データ消去屋の必要

プライバシーという概念の中にはふつう死者は含まれません。いまあるさまざまな個人情報保護規定も死者を想定したものではありません。そこで、あなたの死後、あなたのパーソナル・コンピュータに蓄積されたプライバシーはどうなるのか、を考えておく必要が生まれます。

あなたはすでに過去の人で、プライバシーに関心はないかもしれませんが、蓄積されたデータの中には他人のプライバシーにかかわることもたくさんあるはずです。従来の遺品整理の延長ではすまない問題があるように思います。

覗かれずに始末したい、というファイルとは逆に、生前はパスワードや暗号でガードしていたファイルでも、死後、公表したいものもあるでしょう。開いていたホームページをどうするか、メール・アドレスをどうするかといった問題も生まれます。

将来は、こうした問題を解決するソフトが必要になるでしょう。また、遺言などで指定された専門知識を備えたデータ消去屋が登場することでしょう。信頼が置けるなら、消去ばかりではなく、有用データの相続、贈与といったことにも関与するはずです。

一方、国税庁や捜査機関によるコンピュータの差し押さえ、なども想定され、データ消去屋との戦いになるでしょう。そうした場合でも、プライバシーの保護が優先されなければなりません。筆者はとりあえず消去屋の活動を応援することでしょう。

「完全な消去」

すでにデータファイルの一発消去ができるソフトが市販されています。便利なものですが、起動する者がいないので、死亡時には役立ちそうもありません。また、こうした消去でデータを完全に消せるわけではなく、ゴミ箱から削除しても、回復できるソフトがあります。原理的には消去したデータの陰がハード・ディスクに残っていて、これを読み取るのです。完全に消去するにはハード・ディスクを初期化（フォーマット）すること。コンピュータに詳しい人なら、特別のソフトなしに初期化することは可能です――未確認ですが、これを書いている間に初期化したハード・ディスクからでも回復できる技術があることを耳にしました。そうなると物理的に破壊するほかはありません。

〈著者略歴〉

佐藤文明（さとう　ぶんめい）

フリーランス・ライター、戸籍研究家、批評家。1948年東京生まれ。自治体労働者（戸籍係）を経て、フリーに。“グループ社会派”で活動。1979年に〈私生子〉差別をなくす会を結成。

著書に『在日「外国人」読本〔増補版〕』『あなたの「町内会」総点検』『「日の丸」「君が代」「元号」考』（緑風出版）、『〈くに〉を超えた人びと』（社会評論社）、『戸籍がつくる差別』（現代書館）、『戸籍うらがえ史考』（明石書店）などがある。

本書の補助情報・改訂情報などは

http://www2s.biglobe.ne.jp/~bunsat/book.htm/

なお、本書中に掲載されているURL等は変更される場合があります。

プロブレムQ＆A

個人情報《こじんじょうほう》を守《まも》るために

［瀕死のプライバシーを救い、監視社会を終わらせよう］

2001年7月25日　初版第1刷発行　　定価1900円＋税

著　者　佐藤文明©

発行者　高須次郎

発行所　緑風出版

〒113-0033　東京都文京区本郷2-17-5　ツイン壱岐坂

〔電話〕03-3812-9420　〔FAX〕03-3812-7262　〔郵便振替〕00100-9-30776

［E-mail］info@ryokufu.com

［URL］http://www.ryokufu.com/

装　幀　堀内朝彦

組　版　R企画　　印　刷　モリモト印刷・巣鴨美術印刷

製　本　トキワ製本所　　用　紙　大宝紙業　　E3000

ISBN4-8461-0107-X　C0336　落丁・乱丁はお取り替えいたします。

●プロブレムQ&Aシリーズ

▒全国のどの書店でもご購入いただけます。
▒店頭にない場合は、なるべく書店を通じてご注文ください。
▒表示価格には消費税が転嫁されます。

プロブレムQ&A
あなたの「町内会」総点検
[地域のトラブル対処法]
佐藤文明著
A5判変並製
二一二頁
1800円

事実上の強制加入、そして自治組織といいながらも行政の末端機関のような自治会・町内会に不満や疑問は多いはず。役員選び・ゴミ当番・募金・回覧板・国勢調査など地域の〝常識〟を総点検！　自主的な町づくりを応援。

プロブレムQ&A
「日の丸」「君が代」「元号」考
[起源と押しつけの歴史を問う]
佐藤文明著
A5判変並製
二〇四頁
1800円

「日の丸」「君が代」を「国旗」「国歌」と定める法律はないのになぜ教育の場では強制されるのか。本書は「日の丸」「君が代」「元号」の起源とこれらが引き起こした論争を紹介、その変革の可能性を問う「目から鱗」のQ&Aを満載！

プロブレムQ&A
在日「外国人」読本［増補版］
[ボーダーレス社会の基礎知識]
佐藤文明著
A5判変並製
一八三頁
1700円

そもそも「日本人」って、どんな人を指すのだろう？　難民・出稼ぎ外国人・外国人登録・帰化・国際結婚から少数民族・北方諸島問題など、ボーダーレス化する日本社会の中のトラブルを総点検。在日「外国人」の人権を考える。

プロブレムQ&A
在日韓国・朝鮮人読本
[リラックスした関係を求めて]
梁泰昊著
A5判変並製
一九六頁
1800円

世代交代が進み、「在日を生きる」意識をもち行動する在日韓国・朝鮮人が増えている。植民地化・強制連行や創氏改名等の歴史問題から外国人登録や参政権などの生活全般にわたる疑問に答え、差別や偏見を越えた共生の関係を考える。

プロブレムQ&A
どう超えるのか？部落差別
[人権と部落観の再発見]
小松克己・塩見鮮一郎著
A5判変並製
二四〇頁
1800円

部落差別はなぜ起こるのか？　本書は被差別民の登場と部落の成立を歴史に追い、近代日本の形成にその原因を探る。また現代社会での差別を考察しつつ、人間にとって差別とは何であるのかに迫り、どう超えるかを考える。

プロブレムQ&A
アイヌ差別問題読本
［シサムになるために］
小笠原信之著
A5判変並製
二六八頁
1900円

二風谷ダム判決や、九七年に成立した「アイヌ文化振興法」など話題になっているアイヌ。しかし私たちは、アイヌの歴史をどれだけ知っているのだろうか？　本書はその歴史と差別問題、そして先住民権とは何か、をやさしく解説。

プロブレムQ&A
逮捕・拘禁セキュリティ
［被疑者・被告人・受刑者たちの人権］
佐藤友之著
A5判変並製
一八〇頁
1500円

不幸にして「犯人」とされた時、まず私たちに何ができ、何をしなければいけないのか？　職務質問・家宅捜索の対応法、取り調べでの心構えや弁護士選任から、法廷や留置場・拘置所の知識まで、人権擁護のノウハウを満載！

プロブレムQ&A
「解雇・退職」対策ガイド［改訂版］
［辞めさせられたとき辞めたいとき］
金子雅臣／龍井葉二共著
A5判変並製
二三二頁
1900円

平成大不況のもと、増えつづける労使間トラブルのすべてを網羅。会社が倒産した時、解雇された時、配置転換・レイオフ・肩たたきにどう対処したらベストなのか？　労働相談のエキスパートが解決法を完全ガイド。

プロブレムQ&A
働く女性のお助け本
［職場のトラブル対処術］
金子雅臣／龍井葉二共著
A5判変並製
一八六頁
1700円

均等法から10年以上経ってもまだ女性であることで不利益なことが多すぎる！　職探しから待遇差別、出産・育児・介護休業、セクハラ・お茶くみ・お局さま対策まで網羅した、女性が元気に働きつづけるためのお助け本。

プロブレムQ&A
パート・アルバイトのトラブル対処術
［いざという時のために］
金子雅臣／小川浩一共著
A5判変並製
二四四頁
1800円

パートタイマーやアルバイトだからといって勝手に時給を下げられたり、辞めさせられてはかなわない！　短時間労働者がどのような法律によって守られているかなどの知識を身につけて、会社の〝理不尽〟に立ち向かうための必勝本。

プロブレムQ&A
ひとりでも闘える労働組合読本
［リストラ・解雇・倒産の対抗戦法］
ミドルネット著
A5判変並製
二四四頁
1800円

平成大不況下で、リストラ・解雇・倒産などで失業者は増え続けるばかり。管理職を中心に中高年はそのターゲットだ。泣き寝入りはごめんだ。そんな時どうしたらいいのか？　ひとりでも会社とやり合うための六〇箇条。

プロブレムQ&A
これなら勝てる市民運動
［いかに悪徳行政と闘い開発を止めるか］
岩田　薫著
A5判変並製
二四〇頁
1900円
国や自治体などによる無駄な公共事業、役人の不正腐敗などの横暴を止めさせるには、市民が立ち上がるしかない。本書は、豊富な市民運動の経験者で元地方議員であった著者が、運動の立ち上げ方から必勝法を完全ガイド。

プロブレムQ&A
仲間と始める「会社」プラン
［ワーカーズ・コレクティブ入門］
宇津木朋子著
A5判変並製
二〇〇頁
1800円
同じこころざしの仲間と一緒に事業資金を出し合い、自分たち自身が労働者として働き、かつ経営者として責任を持つ、新しい時代の新しい働き方「ワーカーズ、コレクティブ」。その起業から運営のノウハウ全てを伝授する。

プロブレムQ&A
55歳からの生き方教室
［高齢者時代をのりきる40問40答］
マインド21著
A5判変並製
二二四頁
1800円
「もっと働きたい」「悠々自適の生活をしたい」「健康が不安」などと老後への思いはさまざま。でもそのための準備はしていますか？　健康や生きがい、死の問題から年金・保険・財産管理まで、気になるテーマを総ざらえ。

プロブレムQ&A
「たばこ病」読本
［禁煙・分煙のすすめ］
渡辺文学著
A5判変並製
一八六頁
1500円
現在海外の多くの国で、たばこ会社は「公害企業」「犯罪企業」と位置づけられ、「現代の死の商人」と呼ばれ厳しく社会的責任を追及されている。本書は、世界の趨勢に20年以上も遅れているという日本のたばこ事情の問題点を解説する。

プロブレムQ&A
バリアフリー入門
［誰もが暮らしやすい街をつくる］
金子雅臣／小川浩一共著
A5判変並製
二四四頁
1600円
街づくりや、交通機関、住まいづくりでよく耳にする「バリアフリー」。誰でも年を取れば日常生活に「バリア」を感じることが多くなる。何がバリアなのか、バリアをなくす＝バリアフリーにはどうすればいいのかを易しく解説。

プロブレムQ&A
「障害者」と街で出会ったら
［通りすがりの介助術］
もりすぐる著
A5判変並製
一五八頁
1600円
最近はひとりで街にでかける「障害者」をよく見かける。けれどもまだまだ彼らにとって街は〝障壁〟が多すぎる。本書は「障害者」が生活しやすいバリアフリーな社会を作るための知恵と、様々なケースでの介助方法を紹介。